本书获厦门理工学院学术专著出版基金资助

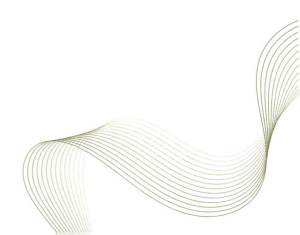

价值投资

理论、实践与展望

曹 明　吴文华　黄 莉 著

VALUE INVESTING
THEORY
PRACTICE AND PROSPECT

厦门大学出版社
XIAMEN UNIVERSITY PRESS
国家一级出版社
全国百佳图书出版单位

图书在版编目（CIP）数据

价值投资 ：理论、实践与展望 / 曹明，吴文华，黄莉著. -- 厦门 ：厦门大学出版社，2024. 12. -- ISBN 978-7-5615-9525-1

Ⅰ. F279.23

中国国家版本馆 CIP 数据核字第 20242TF339 号

责任编辑　江珏玙

美术编辑　李嘉彬

技术编辑　朱　楷

出版发行　厦门大学出版社

社　　址　厦门市软件园二期望海路 39 号

邮政编码　361008

总　　机　0592-2181111　0592-2181406(传真)

营销中心　0592-2184458　0592-2181365

网　　址　http://www.xmupress.com

邮　　箱　xmup@xmupress.com

印　　刷　厦门市金凯龙包装科技有限公司

开本　720 mm×1 000 mm　1/16

印张　12.75

插页　2

字数　203 千字

版次　2024 年 12 月第 1 版

印次　2024 年 12 月第 1 次印刷

定价　50.00 元

本书如有印装质量问题请直接寄承印厂调换

厦门大学出版社
微信二维码

厦门大学出版社
微博二维码

序　高质量发展呼唤价值投资

党的十八大以来,我们对经济发展阶段性特征的认识不断深化。中国GDP增速在2010年、2011年分别为10.64%、9.55%,从2012年起开始显著回落,2012年、2013年和2014年的增速分别为7.86%、7.77%和7.43%,开始告别过去三十多年平均10%左右的高速增长。习近平总书记第一次提及"新常态"是在2014年5月考察河南的行程中,当时他指出,中国发展仍处于重要战略机遇期,我们要增强信心,从当前中国经济发展的阶段性特征出发,适应新常态,保持战略上的平常心态。在新常态下,我国经济发展的环境、条件、任务、要求等都发生了新的变化,增长速度要从高速转向中高速,发展方式要从规模速度型转向质量效率型,经济结构调整要从增量扩能为主转向调整存量、做优增量并举,发展动力要从主要依靠资源和低成本劳动力等要素投入转向创新驱动。

党的十九大进一步提出,我国经济已由高速增长阶段转向高质量发展阶段。推动高质量发展,必须坚持质量第一、效益优先,推动经济发展质量变革、效率变革、动力变革,不断增强经济创新力和竞争力。

党的二十大报告提出,建设现代化经济体系需要扎实管用的政策举措和行动,要突出抓好以下5个重点:一是要坚持把发展经济的着力点放在实体经济上,积极推进新型工业化,加快建设制造强国、质量强国、航天强国、交通强国、网络强国、数字中国,夯实现代化经济体系的根基。二是要实施创新驱动发展战略,加强国家创新体系建设,推动战略性新兴产业融合集群发展，以科技创新赋能现代化经济体系全要素生产率提升。三是要优化基础设施布局、结构、功能和系统集成，完善现代化经济体系的基础设施体系。四是要统筹城乡区域协调发展，优化现代化经济体系的空间布局。五是要加快完善社会主义市场经济体制，持续深化经济体系改革，破除各方面体制机制障碍，激发全社会创新创业的活力。

经济的高质量发展需要从微观层面改变企业的发展方式，这就要求进行"创造性破坏"（creative destruction），创新成为发展的要义，如同老牌企业被新兴的更有生产效率的企业取代一样。政府可以通过有利于新产业和新技术发展的政策来推动这个进程，同时也不要排斥市场在发现好的投资机会方面的核心作用。事实上，我们需要在资本配置方面给市场更大的发挥空间，需要培育一个更加独立和进取的金融产业，让它在非国有企业之间乃至国有企业与私人企业之间的资本配置上发挥更大的作用；也需要培育一个高效率的资本市场，优化行业之间、企业之间、地区之间的资本配置，从而优化中国经济发展的结构，进而提升整个社会的生产效率。

经济的高质量发展需要从微观层面改变激励机制。比如，许多利润丰厚的企业往往没有什么好的投资机会，那些处于成熟行业或者衰退行业的老牌企业尤其如此，而投资机会多的企业却可能缺乏现金或资本。如果金融体系鼓励企业用利润进行再投资，那么利润丰厚的企业就会将大量资金投入回报较低的项目，而新创的企业则由于缺乏足够的资金不能充分利用它们发现的良好机遇。因此，应该根据风险调整后的回报率来引导投资，而不是主要根据哪些主体拥有资金。这就要求我们要进一步放开市场准入，建设高效规范、公平竞争、充分开放的全国统一大市场，同时让市场评估和市场约束更多地引导投资过程。创新驱动型增长模式需要资本市场的创新，需要对风险有更高的容忍度，这也是我国推动金融供给侧改革、推出科创板和施行注册制的重要经济与社会背景。

经济的高质量发展需要重新塑造经济的微观基础，实现企业"从大到伟大"的转变是中国实现高质量发展的核心要义。只有微观的企业展现出了强大的价值创造能力，宏观的经济才能够健康持续地增长。具体而言，

ROIC≥WACC,即投资资本收益率(return on invested capital)≥加权平均资本成本(weighted average cost of capital),只有当此不等式成立时,投资才能创造价值。但由于我国的金融中介效率相对不高,国有企业或地方政府在做投资决策时所考虑的资本成本比市场平均资本成本或民营企业所承担的资本成本要低。因此,国有企业和地方政府往往会大量投资甚至亡度投资,而投资效率相对更高的、更为市场化的民营企业却常常没资不足(刘俏,2018)。

从投资的角度,经济的高质量发展必然呼唤价值投资。对于价值投资,仁者见仁,智者见智;对于价值投资是否适用于中国,也有不同的认识。按照李录(2020)的理解,价值投资的理念只有 4 个,前 3 个是沃伦·巴菲特的老师本杰明·格雷厄姆的概念,最后一个是沃伦·巴菲特的独特贡献。

第一,股票不仅仅是可以买卖的证券,实际上代表的是公司所有权的证书。股票价值的增长必然来源于公司所创造价值的增长。如昊我们以股票形式投资,支持了这个公司,我们在公司价值增长过程中分得合理的利益,这条道路就是投资的正道。这条道路也是一条大道,因为公司与投资者之间形成了良性的关系,投资过程是可以持续的。没资者的投资可以不断扩大,股票市场本身也可以不断扩大,投资对于实体经济的支持作用才能长久显现,股票(资本)市场配置资本的功能才能发挥主导作用,股票市场才有可能成为经济的真正晴雨表。这种良性的投资关系是使所有市场参与者获益的关系,是股票市场整体的帕累托优化。反之,只有投入,没有相应合理的产出,投资就难以为继。如果股票市场与实体经济之间的价值联系被割裂,那么市场将只有波动,而没有真正稳定的上升。

第二,理解市场是什么。一方面股票是公司的部分所有权,可以行使公司利益的剩余索取权;另一方面它确确实实也是一个可以交换的证券,可以随时在市场上买卖。如何理解这种现象呢?尤其是如何看待股票在市场里的价格呢?在这一点上,价值投资者与其他类型投资者的差异巨大。在价值投资者看来,市场的存在是为投资者服务的,它不能告诉投资者股票真正的价值是什么,它只能告诉投资者股票的价格是什么。我们不能把市场当作老师,而只能把它当作一个可以利用的工具,利用市场价格的变化低买高卖。然而，绝大多数股票市场投资者的理解正好相反。

这个概念里，价值投资者把市场的股票价格与公司股票的内在价值区分开来，强调投资者需要自己去寻找、发现、评估公司的内在价值。别人没有办法告诉你这个价值是多少，别人也没有办法替代你做内在价值分析的工作，并且这样的过程是持续的，而非一劳永逸。从理论上讲，公司是永续经营的，随着公司经营情况和环境的变化，公司的内在价值也在永续的流变之中。从整体来讲，股票价格会围绕着内在价值波动；从长期来看，股票价格会向内在价值回归。但是无论是股票价格还是内在价值，都在永恒的变动当中。

第三，投资的本质是对未来的预测，而预测的准确性不可能是百分之百，只能介于零到百分之百之间。因此，我们做预测、决策并进行投资时，必须预留很大的价格空间，叫作安全边际，就是要考虑到你的预测和决策有可能是错误的。从投资操作的层面，价值投资者买入股票的价格要尽可能远低于公司的内在价值，以提高未来盈利的可能性；当然，当股票价格远远超出它的内在价值时就可以卖出了。

实际上，这里蕴含两层意思：一个是投资是面向未来的，而未来是不确定的，无数的因素都有可能影响股票的内在价值，我们的预测是很难百分之百准确的，要敬畏市场，避免盲目自信；另一个是要充分利用市场给出的价格，在股票价格远低于内在价值时买进，给自己的投资留出足够的安全边际。当然，我们对公司内在价值的判断也有可能是不准确的，寻找并判断准确的安全边际，是价值投资的核心技能。

第四，巴菲特经过自己多年的实践增加了一个概念：投资人可以通过长期不懈的努力，真正建立起自己的能力圈，能够对某些公司、某些行业形成比几乎所有人更深的理解，能够对公司未来的长期表现，作出比其他人更准确的判断。在这个圈子里，这就是自己的独特能力。换言之，每一个投资者都不是无所不能的，都有自己的局限性，但是要发展自己独特的能力。

在这个概念里，巴菲特把估值的重点放在了预测未来上，并且强调了发展成自己对某一领域独特研究能力的重要性。对于一个观点，不仅要知其然，还要知其所以然。并且，如果我们有一个观点，我们还必须知道这个观点不成立的条件,这时它才是一个真正的观点。对于股票的估值,我们需要考虑的无数的影响因素在未来是变化的,有的持续重要,有的不再重要,会有新的因素参与进来且可能变得最为重要等,这一切意味着我们对股票的内在价值所持有的观点极有可能随时间和条件的变化而改变。

如果这个投资不在我们的能力圈内,有意思的是,市场能够发现我们的投资逻辑和前提假设的对与错,可以发现我们身上几乎所有的问题,因为这就是未来我们极有可能遇到的问题。我们可以欺骗自己,但市场会告诉我们真相。不在能力圈内,投资才是真正有风险的。而且这个能力圈有可能是非常狭小的,人生有限,每一个人的认知都有其局限性,只有在这个狭小的边界内才有可能通过持续的努力建立起对未来的准确预测,期望无所不知、无所不能是虚无缥缈的。所谓不熟不做,勤奋和努力才能获得这个在一定范围内的独特能力,大概在表达同样的投资理念。

价值投资是一条漫长的路。从个人角度看,价值投资者一定要在知识上做彻彻底底诚实的人,形成自己的能力圈需要长时间的努力与积累,对公司价值的准确认识是一个漫长和艰苦的过程。从公司角度看,价值投资的根本在于公司创造价值。公司的投资项目必须遵循价值投资的理念。只有创造价值,真正解决商业中的核心问题,公司盈利才有基础,公司发展才有可持续性,股东才能分享价值。只有公司成长了,股东才能成长,市场也才能成长。从市场角度看,市场本身的效率与优化是一个永恒的话题,市场的价值就在于如何平衡好市场参与者各方面的利益,如何减少交易成本,如何增加市场的透明度,使得公司的价值变化能够及时、完整、准确地传递到市场的价格上,投资者能够据此进行投资,使得资本配置的效率优化。从整体经济角度看,公司的价值投资是经济高质量发展的微观基础,基于创新的价值创造是经济发展的常态,是跨越式发展的基础,也是一个企业、一个行业和一个地区可持续发展的关键所在。

价值投资需要合适的环境。股票是股份有限公司在股票市场上市后的证券形式,公司财产的法律制度,公司的设立、变更和终止,尤其是公司的治理等需要基本的经济制度、法律制度、监管制度和社会文化等的保障。股份有限公司如果在中国"水土不服"，可能的原因有二：第一，股份有限公司的核心特点是"有限责任"，而是否能够保证"有限责任"，不只是一个书面规定就能实现的制度安排，还得看相应的司法是否到位。第二，与股份有限公司制度相配的是方方面面处理契约诚信和委托代理关系的法律架构。这里涉及大股东与小股东之间、股东与经理人之间、公司与员工之间、公司与其交易客户之间、公司与社区之间等的约定，需要有相应的民法、商法等执行架构，而支持这些交易契约关系的法治架构又恰恰是古代中国历史中所不具备的（吴敬琏 等，2016）。因此，尽管人类自古以来就有人与人之间跨越时间、空间进行价值交易的需要，即金融交易的需要，但一个社会能够真正发展出正式的、外部化的金融市场和证券市场，需要天时、地利、人和，需要整个社会在观念更新、认知拓展、基础设施建设以及各方面的制度安排上作出很大的努力。

价值投资的未来可期。党的二十大明确要求"健全资本市场功能，提高直接融资比重"，为未来资本市场改革发展指明了基本方向。2024 年 4 月 12 日，《国务院关于加强监管防范风险推动资本市场高质量发展的若干意见》出台，共包括 9 个部分，是资本市场第三个"国九条"，提出了资本市场发展的中长期目标：未来 5 年，基本形成资本市场高质量发展的总体框架；投资者保护制度机制更加完善；上市公司质量和结构明显优化，证券、基金、期货机构实力持续增强；资本市场监管能力和有效性大幅提高；到 2035 年，基本建成具有高度适应性、竞争力、普惠性的资本市场，投资者合法权益得到更加有效的保护；投融资结构趋于合理，上市公司质量显著提高，一流投资银行和投资机构建设取得明显进展；资本市场监管体制机制更加完备；到 21 世纪中叶，资本市场治理体系和治理能力现代化水平进一步提高，建成与金融强国相匹配的高质量资本市场。

不同国家和地区的金融发展道路、发展模式总是与特定的经济体制、发展阶段和社会环境相适应的，中国的资本市场建设也不例外。从 1990 年深圳和上海开设证券交易所开始，中国资本市场的建设只有短短的 30 多年，在发展过程中也面临甚至要关门的危机，上证综合指数也曾经跌到 998 点的"死水位"。因此,一路走来,取得目前的成就实属不易。截至2022年年底,我国上市公司营业收入与GDP之比近60%,实体上市公司利润总额占规模以上工业企业利润总额的比重提高至50%左右,上市公司2022年度分红派现金额首次突破2万亿元。改革开放后,我国在经济发展上克服重重困难、越过道道障碍,比如物价闯关、国企下岗、亚洲金融危机等,取得了举世瞩目的伟大成就。我们有理由相信,在未来的社会主义资本市场建设上,我们一定有能力和智慧把市场力量与政府作用更好地结合起来,充分发挥中国的制度优势,不断推进资本市场治理体系和治理能力现代化,提升资本市场对中国经济的支撑能力,实现中国资本市场建设的宏伟蓝图。

宏观经济的高质量发展呼唤价值投资,中国资本市场的健康发展需要价值投资,价值投资正当其时!

本书第一章在工业革命和大规模生产的背景下,从三个方面,即历史上合伙制向股份制的转变、公共市场尤其是股票市场的兴起以及股票市场秩序的建立,探讨公司制这样的企业组织形式何以变得越来越有力量,如何能够汇聚广大社会范围内的资金、劳动力和智慧,创建公司、发展事业、促进整个社会和经济的发展,进而理解公司的本质,明了股份公司和有限责任的特点,观察在这种种的变化之中责任的流转与虚化。我们在享受股份公司和股票市场发展之利的同时,也必然会遭遇其本身特点或不足带来的损害,因此股份公司和股票市场的监管之道在于权衡这种利与害,在发展的特定阶段,需要加强监管,需要严刑峻法,以保证资本市场的健康、稳定和可持续发展。

第二章主要分析股份流动性带来的市场深化和异化效应。本章研究股票市场的流动性如何促进实体经济的增长,综述了相关的研究;从换手率、交易者与资金结构和定价效率三个方面来剖析股票市场的流动性如何影响股票市场的价格变化;分析股票市场的流动性如何带来公司治理的问题,回顾了美国的公司治理变迁,并对我国的上市公司治理与绿色治理进行了总结和展望。

第三章主要是探究股票价格与价值的关系。价格产生基于价值,但又受到其他因素包括投资者情绪、制度特点等的影响,价格在多种情况下有可能脱离价值之锚,市场是渐进有效的;以安然事件、浑水公司的卖空生意和长期资本管理公司为例，分析了公司财务造假、套利策略等因素如何造成价值信号失真；公司经营成功与市场价格的良好表现，相当程度上取决于运气，投资必须直面未来的不确定性；在预测难以百分之百准确的背景下，随着股票市场的渐进有效，指数投资的兴起则具有一定的必然性。

第四章深入剖析价值投资的完美实践及理论依据。本章总结归纳本杰明·格雷厄姆、沃伦·巴菲特、彼得·林奇、约翰·邓普顿和马克·墨比尔斯成功的价值投资实践，他们的价值投资各有特点也与时俱进；从乔尔·格林布拉特的神奇公式、伟大企业的定义、剩余收益模型和基本面量化投资四个方面进行价值投资的理论探讨；分析了价值投资与有效市场及幸存者偏差的关系，证明市场的有效性不是自动实现的，价值投资就是达成市场有效的一股重要力量。

第五章分析价值投资在中国的历程与未来。本章分析了中国股市"政策市"的由来，这是股票市场在早期发展中难以避免的现象；基于股市发展的初衷与股市稳定的关系，探讨了融资制度、发行制度及证券交易印花税的调整对于股市行情的影响；从理论和实践角度解读了中国的价值投资；从公平概念与严刑峻法、受托人责任与诚信文化、社会责任投资和可持续投资、上市公司高质量发展四个方面展望了价值投资的未来。

本书是集体智慧的结晶，整体框架和内容安排由曹明构思和设计，并独立完成前言、第一章、第二章、第三章、第四章、第五章的第一节的撰写，吴文华和曹明合作完成第五章的第二节、第三节的撰写，黄莉和曹明合作完成第五章第四节的撰写。当然，与很多同事和朋友的交流，也是本书灵感和观点的源泉之一，在此就不一一致谢了。正因为是一家之言，一孔之见，可能也只是时代的一个剪影，也就不惮于简陋，以就教于方家。当然，文责自负。

曹明
2024 年 5 月

目 录

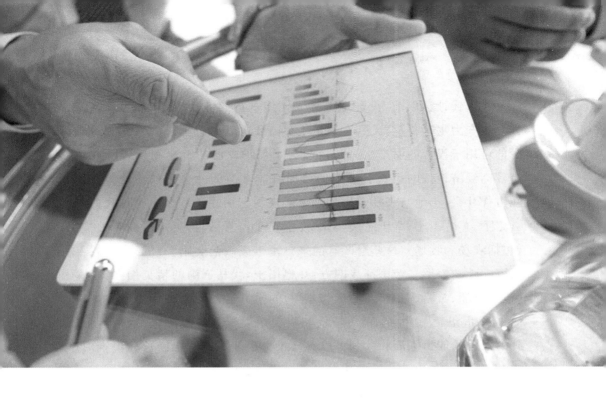

第一章　股票市场如何应运而生
——责任的流转与虚化

在现代社会以前，投资是少数人才能进行的活动。一方面是因为当时社会生产力水平普遍低下，在满足生存需要的基础上，人们总体上只拥有很少的可用于投资的财产；另一方面，为了保护自己的财产和投资的收益，拥有较高经济地位的投资者一般需要拥有非常高的社会和政治地位。比如，在古代社会，土地与头衔、身份、命令或规则密切相关。在中国古代西周，普天之下，莫非王土；率土之滨，莫非王臣。在古罗马，精英阶层拥有大量地产（包括农场和牧场），这些财产有的来自军事或政治奖励，有的则是购买用于投资。伴随着罗马帝国征战四方、开疆拓土，罗马帝国的精英们在其他领地（包括亚洲、希腊、高卢、西班牙和非洲）的投资也大量增加。

17世纪至19世纪，随着特权和权利拓展至更广阔的人群，精英阶层以外的人群的能力逐渐壮大到可以参与投资事业。在这个漫长和艰难的过程中，有三个重要的进展极大地促进了投资事业的普及。

一是工业革命的兴起，促进了新技术的发明和规模化、高效率生产的出现，商业、制造业以及发明创造的从业者终于能够分享有意义的经济剩余，增加了可用于投资的储蓄，人们逐渐富裕起来；各项新事业层出不穷，也开辟了对资金新用途的需求。

二是现代企业组织的出现，其主要特点是有限责任、所有权共享、所有权可以转让和永续存在，这扩大了资金的来源，也增加了投资的选择。这种新的投资形式最初以股份制公司的形式呈现出来，并逐渐成为大企业主流的组织形式。

三是公共证券市场的兴起，使得超越传统地域范围的社会资金与投资项目相互衔接。公共证券市场提供流动性，发现价值，传播信息，极大地降低了证券的交易成本，并且使投资者可以在更广的范围和领域有更多样化的投资选择。

以上三个方面的重要转变，其根本原因在于社会生产力的发展、经济剩余的增加与企业组织形式、社会筹资投资形式的演进相互促进、相得益彰，形成了良性的循环，既推动了企业规模的扩大、生产力的大幅提高、经济剩余的极大增加，也促进了储蓄的增加、投资的增加和投资收益的扩大。如果要深入地观察整个演进过程，不妨从"公司"这个最基本的投资、融资、生产、分配单元开启我们的探索之旅。

20世纪初，美国著名经济学家、哥伦比亚大学校长巴特勒（Nicholas Murray Butler）这样总结"公司"制度的意义，他说：

> 股份有限责任公司是近代人类历史中一项最重要的发明；如果没有它，连蒸汽机、电力技术发明的重要性也得大打折扣。

其实，如此高度评价"公司"意义，比巴特勒更早的是中国晚清改良主义思想家薛福成（1838—1894）。薛福成是近代散文家、外交家、洋务运动的主要领导者之一、资本主义工商业的发起者，他在《论公司不举之病》中这样评论公司的重要性（吴敬琏 等，2016）：

> 西洋诸国，开物成务，往往有萃千万人之力，而尚虞其薄且弱者，则合通国之力以为之。于是有鸠集公司之一法。官绅商民，各随贫富为买股多寡。利害相共，故人无异心，上下相维，故举无败事。由是纠众智以为智，众能以为能，众财以为财。其端始于工商，其究可赞造化。尽其能事，移山可也，填海可也，驱驾风电、剞御水火，亦可也……西洋诸国，所以横绝四海，莫之能御者，其不以此也哉？

薛福成认为，西方之所以强大，在于他们通过公司汇集大量资本、"集中力量办大事"和分散创业风险。薛福成还将公司的作用与国家的命运联系在一起，他说：

> 公司不举，则工商之业无一能振；工商之业不振，则中国终不可以富，不可以强。

有研究表明，人类97%的财富是在过去250年的时间里创造的，也就是在工业革命之后；而工业革命的兴起，离不开公司制度的革命，尤其是股份有限公司的发展。回顾公司、股份有限公司和股票市场的发展历程，可以让我们拨开历史的迷雾，看清公司和股票的本质特征和内在矛盾，认清公司的力量之源和利益相关者的责权利的演化，探究股票的价值创造之路和与之相伴而生的风险。投资——通过投入资源来实现收益目标——一直是人类发展史上的核心推动力。

第一节 公司力量之源——从合伙制到股份制

一、股份制与有限责任

股份制公司的先驱，大致可以追溯到一千多年前出现的罗马"税官公会"（societas publicanorum）。设立税官公会的目的是为公共工程提供竞标和建设服务，参与农业包税并向罗马政府提供商品和服务。

法人这个概念，最初萌生于被教皇、欧洲国王承认其权利的行会及特许公司。其中不仅有企业，还包括都市、大学以及宗教团体等等，在当时，它们之间的界限并不是很分明。与个体经营、家族或同族经营相比，特许公司采用辛迪加模式也即"组合"或"联合"，很多人有效分担风险（共同投资、共同承担风险），从而可以迅速扩大事业的规模。

合伙制则是一种天然的结构，一般是相互熟识的少数几个人走到一起，共同成立一家公司，合伙人一般都参与到日常的经营管理中。在运营过程中，合伙人和合伙企业的声誉和诚信非常重要。合伙人在转让合伙企业的份额时，需要确保利益的出售对象富有经营管理方面的成效且必须获得其他合伙人的同意。因此，一般而言，合伙制的投资流动性差，缺乏简单高效的退出机制。中世纪的康帕尼（compagnia）也属于合伙制形式，但是它开始允许商业投资，尤其是在航海贸易中的融资构成，依据经济差异来进行调整，投资者分化成积极的投资参与方或者是仅提供风险资本的被动投资方，这代表着对传统合伙制的重大背离。而在股份制中，当一个被动投资者将其股份转让给另一个被动投资者时，不会对企业的经营管理产生影响，因此投资者转让所持有的股份时不需要获得其他投资者的一致同意。

16世纪50年代早期，英国出现了第一家股份制公司——莫斯科公司（Muscovy Company）。这家公司由英国商人和贸易商创办，其目的是获取欧洲北部的木材、大麻和建筑材料。

1600年，英国东印度公司获准从218位投资者手中筹集了68000英镑，成立了由5艘船只组成的船队，女王伊丽莎白一世特许他们在东印度地区15年的贸易特权，投资收益的结算以每次航海为期，尚无有限责任的概念。关于公司总裁人选，女王希望由她信得过的公爵担任，但商人们坚持说："我们不要一位绅士，而要一位跟我们同类的人担任公司的总裁。"结果，商人股东们赢了。首次航海取得了巨大成功，投资者被要求再次为下次航海出资200英镑。从1612年开始，英国也效法荷兰，改变了以单次航海为期进行投资结算的方式，将投资范围扩大到多次航海，而且每一次航行，都会进行多次股票发售，有效扩大了公司的规模。英国东印度公司因此成为英国跨国贸易、经济扩张的主力军。

英国东印度公司并不满足于作为一个普通的商业贸易公司的身份，它在英国殖民印度的过程中扮演了冲锋陷阵的历只角色。爆发于1757年的普拉西战役，是英国东印度公司与印度孟加拉国王公的战争，为英国人打开了对印度进行殖民统治的大门。东印度公司开始转变为同时进行殖民统治的综合性商社。19世纪，对中国的鸦片走私贸易达到白热化，东印度公司同样是鸦片走私的积极推进者，是鸦片战争的罪魁祸首。1833年，英国东印度公司的贸易垄断权被废止，被视为自由贸易商人胜利的象征。1857年在印度爆发的"印度兵叛乱"则决定性地影响了英国东印度公司的命运。1858年，东印度公司在丧失商业垄断权之后又被剥夺了对印度的统治权，英国政府向公司股东作出了支付股息到1874年的承诺。当东印度公司最终完成面向股东等的残留业务的整理之后，1877年，英国政府宣布，印度作为英属殖民地将正式合并于维多利亚女王的王土之中。

1602年荷属东印度公司（Dutch East India Company，荷兰语：Vereenigde Oostindische Compagnie，简称VOC）在阿姆斯特丹成立，VOC由17人发起，筹集了650万荷兰盾（10荷兰盾＝1英镑）为资本金，规模是英国东印度公司的将近 10 倍。VOC 将 21 年间所有的航海活动作为一个事业的整体，明确规定股东为有限责任，由于事业具有连续性且采取有限责任制，VOC 的股票交易非常活跃，很快就出现了一个用于交易其股票的市场。其股东权益与如今的状况有所不同。当时股东尽管可以获得股息，股息收入高达年均 18％，但是却不被允许参与公司的决策和表决。如果说荷兰东印度公司是世界上第一家现代股份有限公司，那么阿姆斯特丹证券交易所可谓历史上第一家证券交易所。

VOC 同样成为荷兰对外侵略、掠夺和殖民的一支重要力量。VOC 的舰队 1604 年 8 月 7 日抵达中国澎湖，12 月 15 日被中国明朝军队驱离，1622 年再度占据澎湖。1624 年，在明朝军队与荷兰进行 8 个月的战争后，荷兰人退守台湾。1662 年 2 月，荷兰投降，郑成功收复台湾。到 1669 年，VOC 已经成为世界上有史以来最富有的公司，拥有 150 条商船、40 条战舰、50000 名员工和 10000 人的私人武装，公司投资的收益率为 40％。VOC 一直经营了将近两百年，直到 1799 年。

17 世纪，股份制公司开始展现出现代企业特征。VOC 和英国东印度公司均具有较大市值，拥有许多不参与业务经营的股东，股东通过在较长时期内投入资本来为远距离、长时期的贸易提供资金。公司最引人瞩目的特征是股东融资及其长时间存在。股东的行为可以通过在公开市场上购买和出售公司股票来实现，也就是通过现有股东（卖方）与其他现有的或新的股东（买方）之间的交易来达成，正所谓"铁打的公司，流水的股东"，股票市场开始分化成筹资的一级市场和交易的二级市场。通过股份交易，帮助冒险创业者融到了大量资本，且以一种高效率的方式把风险分摊到众多投资者身上。

在南海泡沫事件最盛的 1720 年，英国出台了《英国泡沫法案》（English Bubble Act）。该法规定："拥有股东超过六人的企业，股东的有限责任特权只能由议会授予。"因此，在英国成立略有规模的公司，都需要花费庞大的费用和时间，公司何时成立、能否成立都成了未知数。法案的本意是限制成立能够轻易进行筹资的股份公司，禁止"在未经议会或国王授权的情况下，成立像公司实体那样的联合体（association），并使其份额可转移和让渡"，然而，由于控制过度，阻碍了英国早期股份公司的发展。18世纪中期，英国掀起了运河建设投资热潮，从1758年到1803年，共有165条运河法案被提交到国会。为了获得议会的特许，每成立一家运河建设公司，就需要制定一条法案。

亚当·斯密（1723—1790）被誉为"古典经济学之父"和"现代经济学之父"，他强调自由市场、自由贸易以及劳动分工，但他对于股东的有限责任制度是持批判态度的。他认为，有限责任制度意味着不负责任，会使一些没有责任感的肤浅之徒参与公司经营，导致风险转嫁至债权人、供货商以及消费者。如果将某人的责任进行限定，一定会产生影响并波及他方。在南海泡沫事件中，大部分投资者损失惨重，社会大众对于公司这一企业组织形式有很多的批评和指责。来自全国各地要求严惩南海公司和其计划主谋者的请愿，如潮水般不断涌入议会。亚当·斯密对于公司的这一质疑，将一直伴随着有限责任公司制的发展，并成为公司治理的关键问题。

同英国一样，美国开始时的公司制度也存在无限责任的问题。虽然特许公司在成立之初募集了一些愿意承担无限责任的投资者，但在后续的股票交易中，要找到愿意承担无限责任的新投资者并不容易，且对新的投资者也不公平，因此股票买卖并不频繁。

1811年，美国纽约州通过的《为促进羊毛、棉、大麻及亚麻纺织品生产和其他事项的法案》规定，满足最低要求的任何个人都可以开设公司，无须政府再颁授任何特许，法案也明文规定了股东的有限责任：股东所承受的损失上限就是投资于公司股票所支付的全部资金。自主成立公司和股票交易不受限制的理念横空出世，以极具想象力的方式引导资金投向新的想法和新的商业模式。就算其中一些想法最终失败了，但还是有很多会成功。该法案成为此后世界各国制定公司法所参照的模板。

英国稍晚于美国，于1844年通过了《合作股份公司法》（The Joint Stock Companies Act of 1844），规定可以自由成立股份有限公司。1851年，英国立法机构提出《有限责任法案》（The Limited Liability Bill），经过几年的争论，该法案在两院中得以通过，并于1855年8月最终获得英国皇室的批准，股东的有限责任开始普及。《1862年公司法》（Limited Liability Act 1862）

则宣告：公司只是以营利为目的的市场组织，成立公司是每个公民都享有的权利。其他各国也紧随其后制定了新的法律，创造了 19 世纪末全球化黄金时代。

在近代，中国最早的股份制企业产生于 19 世纪 70 年代官督商办的企业。官督商办企业的经营原则是由官府掌握企业的用人及理财权，具体业务由商人经营。官督商办企业在其经营活动中，依靠官的庇护，享有免税、减税、贷款、缓息以及专利等优惠和特权。创办于 1872 年的轮船招商局，成为近代中国第一家向社会发行股票集资的股份制企业，其后，开平煤矿（1877）、上海机器织布局（1878）、荆门煤铁矿（1879）、鹤峰铜矿（1881）、平泉铜矿（1881）等官督商办企业陆续成立。这些企业将募股集资的重心放在当时的远东金融贸易中心——上海。清光绪二十九年十二月初五，即 1904 年 1 月 21 日，我国第一部公司法《公司律》被奏准颁行。《公司律》共 131 条，这部法律参照了英国 1856 年颁布的《合作股份公司法》，以及日本 1899 年颁布的《商法典》等。

中国香港的公司法源于英国的公司法，1962 年香港公司法例修订委员会开始结合香港实际进行修订，到 1984 年完成了全面修订。中国台湾现行的公司法则是在中国 1929 年的《公司法》基础上修改而成的。

新中国成立之后，股票一度退出了人们的经济生活，直到改革开放。1980 年 12 月，成都工业展销信托公司发行股票；1983 年，深圳宝安联合投资公司发行股金证；1984 年 9 月，北京天桥百货股份有限公司发行定期三年的股票；1984 年 11 月，上海飞乐音响公司发行股票。飞乐股票实行的是"保本保息，自愿认购，自由退股"的原则，股票分为集体股和个人股，股息率分别相当于企业一年定期存款和一年期储蓄存款的利率，与真正意义上的股票还有一定的差距。

为规范股份制公司的设立和运行，国家体改委、国家计委、财政部、中国人民银行、国务院生产办于 1992 年 5 月 15 日联合发布了《股份制企业试点办法》《股份有限公司规范意见》《有限责任公司规范意见》，政府的其他部门也出台了十余项配套文件，形成具有中国特色的公司法律制度。《中华人民共和国公司法》从 1994 年 7 月 1 日开始正式实施，中国的企业步入与国际惯例接轨的规范化管理时期,现代企业制度的改革模式在国有企业中开始推行。

中国的公司法经过 1999 年、2004 年、2013 年、2018 年四次修正,2005 年一次修订,共 13 章 218 条。其中 2005 年的修订,对原有条款几乎都做了实质性的修改,主要表现在:(1)完善了公司设立和公司资本制度,大幅下调了公司注册资本的最低限额,扩大了股东可以向公司出资的财产范围,增加了股份有限公司定向募集设立方式,认可一人公司。(2)完善了公司治理结构,健全了股东会和董事会制度,增加了监事会的职权,明确了上市公司设立独立董事的规定,对公司董事和高级管理人员对公司的忠实和勤勉义务以及违反义务的责任作出了更为明确具体的规定。(3)充实了公司职工民主管理和保护职工权益的规定,进一步强化了对劳动者权益的保护。(4)健全了一系列对股东尤其是中小股东利益的保护机制。(5)确立公司人格否认制度公司。公司人格否认,又称公司法人人格否认,是指公司股东滥用公司法人独立地位和股东有限责任来逃避债务,严重损害债权人利益时,债权人可以越过公司的法人资格,直接请求滥用公司人格的股东对公司债务承担连带责任的法律制度。

2022 年 12 月 30 日至 2023 年 1 月 28 日,《中华人民共和国公司法(修订草案二次审议稿)》公开征求意见。2023 年 8 月 28 日,公司法修订草案三次审议稿提请十四届全国人大常委会审议。草案进一步强化对控股股东和实际控制人的规范,进一步加强对股东权利的保护。在实践中,有的控股股东、实际控制人虽不在公司任职但实际控制公司事务,通过关联交易等方式侵害公司利益,草案明确规定,控股股东、实际控制人不担任公司董事但实际执行公司事务的,适用董事对公司负有忠实义务和勤勉义务的规定。在股东权利保护方面,草案明确规定控股股东滥用股东权利,严重损害公司或者其他股东利益的,其他股东有权请求公司按照合理的价格收购其股权。

二、罗斯柴尔德家族的神话不再

从合伙制到股份有限公司,经营责任发生了深刻的变化。合伙制时,合伙人要以自己所有的财产承担公司几乎所有的责任,因此必须谨慎经营,必须爱护声誉,必须精打细算,必须诚信守诺,只有这样,才能很好地规避风险。同时对合伙人的选择也必须慎之又慎,要非常了解其为人、性格和能力,当然,这样做的时候,潜在的候选人也就非常有限,大部分是非常熟悉的亲朋好友,家族内的人具有天然的优势。比如著名的罗斯柴尔德银行,就是其中的典型。甚至可以说,罗斯柴尔德家族把合伙制做到了极致,合伙人被严格限制在家族内并且恪守"族内通婚",这一做法从制度上根植了其衰落的基因。

自19世纪20年代起,有关罗斯柴尔德家族的神话就已开始流传——他们的财富起源及规模,急速蹿升的社会地位、政治影响力等。19世纪的大部分时候,罗斯柴尔德家族远胜众多竞争对手,富可敌国,是金融国际化的先驱。在1815—1914年长达一个世纪的大部分时间里,这个家族非常轻易地占据了世界最大银行的宝座。即便在今天,最大的银行业国际公司,也享受不到罗斯柴尔德公司鼎盛时的"霸权";也没有任何人拥有的资产占世界财富的份额能够与19世纪20年代中期至60年代的罗斯柴尔德兄弟匹敌。

罗斯柴尔德家族创始人迈耶·罗斯柴尔德,最早从事货币买卖业务。由于18世纪后期德国公国遍地,每个公国都有自己的货币体系,迈耶的职业几乎可以等同于外币兑换。这个家族的族徽是五支箭,来源于一个故事:生命垂危的父亲要5个儿子折断捆在一起的5支箭,正当他们一筹莫展时,这位父亲自己把这捆箭拆开,把其中的一根折断,他说,家族的力量来自团结,一根箭容易被折断,五支箭抱成一团就不容易折断。正如中国谚语所云,"兄弟同心,其利断金"。1810年,迈耶制订了一份合伙人协议,协议规定每个儿子享有等份的家族产业,每个合伙人都可以为公司开拓新的业务,但是每个合伙人都不能脱离其他人独立运作生意,只有家中的5个儿子及其男性后代才有资格成为合伙人。

罗斯柴尔德家族通过定期修改和更新合伙协议来掌控家族的商业活动以及日益庞大的利润分配;在罗斯柴尔德家族获得成功的秘密中,与合伙协议同等重要的是它的婚姻协议,他们一直恪守"族内通婚"的规则——即罗斯柴尔德与罗斯柴尔德结合,这样就能保证整个家族资产的完整——也能够防止"外人"分占。当罗斯柴尔德家族的女性成员嫁给家族以外的人时，她们的丈夫就被禁止直接参与家族业务，这些女性成员同样被排除在外。

当然，不可避免的是，家族的整体野心与个人意愿之间存在着冲突。老迈耶在去世之前强势维持着整个家族，强调整体的野心和追求，但在他去世后，罗斯柴尔德成员几乎没人具备他那种对于工作和利润无休止追求的热情。

罗斯柴尔德家族的生意已做了两百多年，奔驰汽车、银行和苏伊士运河是这个家族送给人类的礼物。其实，罗斯柴尔德家族带给世界的远远不止这些，19 世纪时欧洲流行这样一种说法："欧洲有六大强国：大不列颠英国、法国、俄罗斯、奥匈帝国、普鲁士和罗斯柴尔德家族。"

在 19 世纪 20 年代至 60 年代的鼎盛时期，这个集团拥有 5 家银行。除了迈耶三子内森在伦敦创立的 N. M. 罗斯柴尔德父子银行，在德国法兰克福有最原始的罗斯柴尔德父子公司（M. A. Rothschild & Sohne，1817 年改名为 M. A. von Rothschild & Sohne），这家公司在迈耶·罗斯柴尔德死后，由其长子阿姆谢尔接手；在法国巴黎，其第 5 个儿子詹姆斯创立了罗斯柴尔德兄弟公司（de Rothschild Frres）；此外，还有法兰克福总行的两个分行，即其四子卡尔掌管的意大利那不勒斯罗斯柴尔德银行（C. M. von Rothschild）和其次子萨洛蒙执掌的奥地利维也纳罗斯柴尔德银行（S. M. von Rothschild）。一直到 19 世纪 60 年代，这 5 家银行合作都非常紧密，讲述其中一家银行的历史必定要提及其余四家；无论从哪方面来说，它们都是一个跨国银行的组成部分。一直到 20 世纪第一个 10 年，这种合伙人体系仍在运转，英国的罗斯柴尔德成员与巴黎分行有着休戚与共的金融联系，法国的罗斯柴尔德成员与伦敦分行也是一样的关系。与现代的跨国公司不同的是，它一直是一个家族公司，所有经营决策都严格控制在合伙人手里，而一直到 1960 年，合伙人只能由罗斯柴尔德家族的男性成员担任（尼尔·弗格森，2009）。

进入 20 世纪，股份制企业成为主流，也成为企业利用社会资金扩大自己规模和实力的重要方式。但是罗斯柴尔德家族并没有这样的想法，他们可能觉得自己资金实力雄厚无需借用外来资本，也可能是不想让外界了解这一家族帝国的财富秘密，故而一直维持着家族式的经营管理模式。

直到 1947 年，N.M.罗斯柴尔德在原来的基础形式上又更进了一步，推出了 100 万英镑的无投票权的优先股和 50 万英镑的有投票权的普通股。安东尼持有了 60% 的普通股，确保他是控股的合伙人；在他之后的层级是埃德蒙和维克多，他们每人持有 20% 的普通股（尽管维克多获得了无投票权优先股更大的份额）。但是，这并不意味着该家族接受了外界的参与或"窥探"，因为这时能成为这家银行股东的必须是罗斯柴尔德家族的成员。

二战之后，越来越多的银行、投资公司开始采取分股让权方式来使企业获得持续发展动力。1960 年 7 月，罗斯柴尔德家族一个半世纪的传统结束了。内森的曾孙伊文利打破了家族的规定，破天荒地引进异姓人士担任董事。戴维·科尔维尔成为第一位进入合伙人行列的非罗斯柴尔德家族成员；1960 年 9 月，总经理迈克尔·巴克斯也得到了类似的提升；随后在 1962 年 4 月轮到了经验丰富的税务律师菲利普·谢尔本，因为他帮助建立了新的财务部。由于合伙人的总数达到了法定限额最高的 10 名，其他那些服务多年的资深经理人员不得不屈就于"伙伴"的身份，一直到《1967 公司法案》（Company Acts of 1967）将合伙人的限制提高到了 20 名。这次转型在 1970 年 9 月结束，合伙制变成了公司制，无限责任的时代结束。当时建立起来的董事会由 4 名非执行董事和 20 名执行董事组成，而且决策权也从合伙人转给了一个新的执行委员会（尼尔·弗格森，2009）。

进入 21 世纪，罗斯柴尔德银行可能不再是 1815 年之后那个世纪的"金融巨人"了。罗斯柴尔德家族的没落是多种因素共同作用的结果，比如，近亲通婚导致后续发展乏力，但这可能不是主要原因；可以肯定的是，罗斯柴尔德传统的经营理念，包括固守合伙制的组织制度，已经不符合时代发展的要求，也没有办法有效吸引巨量的社会资源和家族之外的优秀人才；罗斯柴尔德家族由于种种原因，业务没有真正和大规模进入北美，没有分享到美国在经济上和政治上历史性崛起所带来的巨大利益；当然，也有一些重要的历史上不可抗因素，如第一次世界大战使罗斯柴尔德家族在欧洲财产遭受巨大损失，第二次世界大战中其在欧洲的财富又遭到纳粹的洗劫，以及在二战之后，苏联对罗斯柴尔德家族在东欧资产的没收等。

三、现代公司的本质

现代企业组织的主要特点是有限责任、所有权共享、所有权可转让以及永续经营。这种新的投资形式最初以股份制公司的形式呈现出来，具有极大的灵活性、持久性和风险限度，事实证明这对于投资和经营大型的综合性企业起到了不可或缺的作用。

现代公司可以理解为：

> 不同的利益主体依照契约关系，根据经济利益最大化的目标所自愿组成的金融共同体。

与传统的家族企业相比，现代公司最为重要的特征在于其显性契约关系，以及由此衍生出来的法人治理结构。公司法人从自然人的属性中独立出来，形成了与自然人平等的独立人格，独立人格又呼唤出有限责任，其能力和生命力可以远超任何自然人（吴敬琏 等，2016）。

与传统企业相比，现代公司在以下两个方面具有鲜明的特征：

第一，传统企业一般是无限责任，而公司则是有限责任。即使公司经营失败，股东的损失仅限于出资额，这一点至关重要，是现代公司制度的核心。公司和股东在人格上、财务上、责任上进行隔离，公司的钱独立于股东个人的钱，公司的责任独立于股东个人的责任，公司的生命也就独立于股东个人的生命。这种独立与隔离既保护了股东，让股东个人不至于受累于公司；也保护了公司，公司也不会受累于股东的债务和行为（吴敬琏 等，2016）。

有限责任派生出公司作为法人的地位，在法律面前，公司与自然人一样享受法律的保护，法人的财产权受到保护。公司有独立的法律人格，有自己的章程和决策规则，可以按照自己的生命力无限地生存下去，而不会受限于股东或经营管理者的生命长度。

在有限责任的隔离制度安排下，股东享有公司的财产权和收益权，而掌握公司经营权的可以是与股东没有任何血缘关系的职业经理人,实现了所有权与经营权的分离。这样,公司就能够在更广泛的社会上融资,分摊风险。

第二,传统企业的股权一般难以自由买卖,而公司的股份却可以在公司之外的自然人或者法人之间方便地进行交易转让。有限责任大大降低了股权交易的成本,使得投资者在选择股权进行投资时,获得了投资的灵活性,其财富具有了更好的流动性。

合伙制公司常见的问题,是公司规模难以扩大。合伙制公司很难找到新的合伙人,因为新加入的人总会担心自己要承担无限责任,他在入伙之前必须对现有的合伙人有深入的了解,他需要知道这些人的性格,而这往往在共事多年后才能得出正确的认识。此外,他还需要了解这些人的个人资产状况、信誉状况、为人和品德等等。实际上,合伙制公司股票的价格对每一个合伙人都是不一样的,信息采集是他们要面对的一个难题。相比之下,有限责任公司的股票价值对每个人都是一样的。

公司股份的流动性带来种种便利:公司在股票市场的价格可以反过来评估公司管理层的经营决策,公司的融资规模和范围借由股票市场可以迅速扩大,股票市场也可以为许多新创企业提供发展所需的资本,进而增进全社会的经济活力和创新活力。

公司的本质是社会性组织,公司服务于社会和个人,它必须能够根据自己的规则来运行。生存是公司的第一法则;公司生产具有最大经济回报的产品,实现它自己目标的能力就是评价公司业绩的首要标准。公司是永恒的,而股东是暂时的,就社会和政治角度而言,公司是先验存在的,而股东只是它的衍生物,只存在于法律的假定中(彼得·德鲁克,2006)。

为了实现生产最大化的目标,公司必须制定政策,协调不同管理部门和不同目标的合理要求。公司要能适应情况变化来调整政策;要建立一个判断标准和运行框架指导个人行为,发掘组织内部的所有潜力和能力;能够把人才同时培养成专业人才和"通才"(即具备判断力、决策力和知识的人才);能够在用人时扬长避短;能够在较低的职位上考核员工的独立领导能力,他们职位之低可以保证他们的失败不会殃及公司。分配权力和职责、制定政策和行动的客观全面的标准、挑选和培养领导人——这些都是公司的核心组织问题(彼得·德鲁克,2006)。

第二节　公司力量之源——公共市场的兴起与股票交易

一、起源于债务的公共市场

证券市场最早出现在 12 世纪的意大利。当时,大多数债务工具由地方政府和土地主发行。在公共债务证券化方面,热那亚成为开拓者。1164 年,热那亚创建了一种公共债务形式,通过该途径,名为坎佩拉(Compera)协会的成员通过支付获得股份或者债务求偿权。相比之下,威尼斯则试图要求富裕市民自愿提供贷款来解决其债务需求,但最终这些贷款不够充足,因而转为强制性贷款。随着政府开支越来越大,强制性贷款已经不能满足城邦的信贷需求。因此,威尼斯于 1262 年将所有的债务余额整合为一种称为蒙特(Monte)的基金,所有的债务均转换成该基金的股份,享有 5% 的利息。佛罗伦萨和热那亚分别于 1343 年和 1407 年建立了类似的机制(诺顿·雷默 等,2017)。

除公共债务的交易之外,私人债务工具也在不断增长。15 世纪到 16 世纪,最重要的交易场所开始向北移动,布鲁日(Bruges)、安特卫普(Antwerp)、巴黎、伦敦和法兰克福等地成为重要的集市,在这些集市上,商品贸易和证券交易逐渐分开,交易的金融产品主要是货币和汇票。

到了 17 世纪初,企业或政府债务股权的可流通证券在欧洲越来越流行。伴随交易规模的增加,全职的专业人士出现,用于执行交易的专门技术被开发出来,阿姆斯特丹成为欧洲的金融中心。在阿姆斯特丹证券交易所,所有类型的金融商品均可进行交易,包括商品、汇票、股票、海上保险,甚至期货交易。特别是荷兰名产盐渍鲱鱼,在渔获期到来之前就已经开始交易,可以说是现代期货交易的源头。早在 1609 年，阿姆斯特丹证券交易所的商人就开始对荷属东印度公司的股票进行做空，并引起了荷属东印度公司的强烈反对。当时富可敌国的荷属东印度公司游说了荷兰政府以法律形式禁止人们卖空股票，一度导致该业务被废止，也就是从那时起股票市场开始接受监管。但阿姆斯特丹直到 1787 年才建立起正式的证券交易所，1795 年才建立起证券报价系统。

二、股票市场的崛起

英国在 1694 年光荣革命之后特许建立的第一家股份制公司，是英格兰银行。英格兰银行同时也获得了股份制公司银行业务的垄断地位，其他银行的合伙人数量都不能超过 6 个，这使得它们根本无法与英格兰银行展开竞争。英国的证券市场发端于位于交易所胡同（Exchange Alley）的乔纳森咖啡屋。到了 1760 年，约有 6 万人持有英国政府债券，1773 年交易所搬迁新址并且重组为合伙制企业，被命名为伦敦证券交易所，比荷兰东印度公司的阿姆斯特丹证券交易所晚了 171 年。1801 年，交易所再次经历重组，成为股份制公司，新的规则以及与这次转型相关的规范化确立了现代交易所形式。为了加强对交易所的管理，1812 年英国颁布了第一个证券交易条例。当时，在证券交易所上市的有价证券主要是国债、外国公债、矿山、运河股票等。

美国证券市场的诞生，是在独立战争（1775—1783）时期。最初的交易商品，是新联邦政府为了筹措战争经费而发行的债券。美国独立之后，18 世纪 90 年代，新政府批准成立了 295 家特许公司。1792 年 5 月 17 日，24 名股票经纪人在一棵梧桐树下签署了《梧桐树协议》，缔造了如今的纽约证券交易所。

1819 年，伊利运河开通，它通过哈德逊河将五大湖区和纽约连接起来。1822 年，运河股票成为热门，此时英国也出现了对美投资热潮，华尔街成为交易投资的窗口。

1836 年，在纽交所所有挂牌交易的股票中，包括 38 家银行、32 家保险公司、4 家铁路公司、4 家运河公司以及 3 家天然气公司的股票(在那时,煤气灯正迅速在全美各地普及)。

很快,铁路证券成为华尔街的主要品种,正如一代人之前的州政府债券和联邦政府债券。虽然建设铁路的费用相比于运河开发要便宜得多,但仍属于资本密集型行业。人们首先需要开拓新的融资方式来获得修建铁路的资金。这时,许多开始只在铁路沿线销售的债券,很快就在华尔街和其他金融中心出现了,越来越多的经纪人开始承销这些铁路证券。到 1840 年已经有 10 只铁路股进行交易了,而 10 年之后,这一数目迅速上升到 38 只。南北战争爆发时,铁路股和债券相当于美国证券市值的 1/3。1899 年,纽约市场的铁路股占市值总额的 63%,伦敦市场的铁路股也占据总市值的 50%,当时的东京市场也不例外。

19 世纪 30 年代中期,虽然纽约市场已经是规模最大的资本市场了,但波士顿、费城和其他地方的资本市场仍保持着其重要性和独立性。这主要是因为当时价格传递时间太长,其他地方的资本市场根本不受纽约的价格控制或主导。这种情况在电报出现后就完全不同了,通过电报,纽约的价格在几秒钟之内就可以传送到费城或其他任何地方,那些城市作为金融中心的时代宣告结束,纽约成了无可争议的金融中心。到了 20 世纪初,美国公共证券交易所经历了发展史上巨大制度变迁,纽交所已被公认为美国主导的金融机构。

香港在 1842 年开埠之后不久即发展股票市场,并且日趋开放和成熟。一些欧资商贾在香港或其他地方发展业务需要资金时,就会到香港筹资。比如,在 19 世纪 80 年代,英资商贾计划在马来亚半岛开采矿产及种植橡胶等业务时,香港的股票市场便变成他们筹集资金的其中一个重要地方。到了 20 世纪二三十年代,有企业计划在菲律宾、澳大利亚或南美洲等地采矿,香港同样变成他们融资的其中一个场所。这些背景及渊源,其实正是香港日后崛起成为亚洲金融中心的重要元素。值得注意的是,每当内地的政局动荡不安时,如太平天国运动、军阀割据以及日军侵华时,香港便会变成内地资金、企业及人民的避难所(郑宏泰 等,2007)。

中国台湾地区的股票市场始于 20 世纪 30 年代。1945 年以前,台湾地区已有台湾有价证券组合及台湾有价证券株式会社等组织,经营证券交易。1953 年,台湾为推行"耕者有其田"的政策,将台湾水泥公司、台湾纸业公司、台湾农林公司及台湾矿业公司四家公营企业转为民营,并以股票三成,搭配实物土地、债券七成对地主进行补偿。当时许多地主不了解公司股票价值,急于将股票脱手,于是,买卖股票的商号及单帮客应运而生。一时间,证券商号纷纷建立起来。

上海证券市场发轫于 1891 年,洋商股票捐客公司成立了上海股份公所(Shanghai Sharebrokers' Association)。1905 年,上海股份公所在香港正式申请以有限责任公司形式注册,同时更名为上海众业公所(The Shanghai Stock Exchange)。它是外国人在中国开办的第一家证券交易所,主要交易远东各地洋商公司及外国在华所设公司发行的股票和债券,初期数量达 50 余种,交易十分活跃。

近代上海第一个华商证券交易所是 1920 年成立的上海证券物品交易所。初期,交易所交易的品种主要是企业股票和铁路债券。蒋介石、陈果夫、张静江、戴季陶等于 1920—1923 年通过组织茂新号、恒泰号、利源号、新丰号、鼎新号等五家经纪人事务所,从事交易活动。蒋介石在建立南京国民政府后,为解决财政困难,利用上海证券市场发行政府公债。此后交易所公债买卖蓬勃发展,股票挂牌和交易极少,一直到 1937 年"八·一三"战事爆发,上海的华商证券市场与本国企业所需资金几乎没有发生任何联系,公债交易占了 98% 以上的成交量。抗战胜利之后,上海证券交易所得以重新建立,主营本国民营及国营企业发行的股票,兼及政府公债,成为以股票为主的证券市场。

1949 年 5 月,上海证券交易所停业。1949 年 6 月,天津市证券交易所正式营业。1950 年 2 月,中国人民银行北京市分行成立了北京证券交易所。后随着政治经济形势的变化,天津、北京的证券交易所于 1952 年下半年相继停业清理。

19 世纪下半叶,纽交所的交易量出现飙升,日均成交量从 1861 年的 1500 股上升到 1900 年的 50 万股。1929 年美国股市大崩盘,引发了美国以及全世界范围的经济大萧条,公众开始质疑股灾背后的推手,美国国会也派人调查以小摩根为代表的投资银行与券商。美国国会调查的结果虽然没有找出股灾的责任承担者,但促成了《1933年证券法》(Securities Act of 1933)和《1934年证券交易法》(Securities Exchange Act of 1934)出台,由此形成了影响至今的证券监管法律体系。

与此同时,场外经纪人采取行动规范交易行为并制定经纪人应当遵循的规则,创建纽约场外交易市场的章程和框架,促其交易制度化。1953年,纽约场外证券交易所(New York Curb Exchange)更名为美国证券交易所(American Stock Exchange)。

三、布鲁金斯学会的调查

1952年,布鲁金斯学会(Brookings Institution)代表纽交所开展了一项针对股权的具有里程碑意义的研究。调查显示,650万美国人以直接的方式持有股票,这相当于美国人口总数的4%或家庭数量的9%。并且,年龄越大、受教育程度越高、更富裕的个体成为股东的可能性更大。其原因可能与当时的政治经济有关。例如,二战之后的长期牛市使股票成为一种充满吸引力的投资选择,"冷战"文化激发了美国民众投身资本主义制度和支持本国产业的热情。

股份制公司的引入为那些缺乏资源的个人和机构开辟了一条道路,使其能够以部分产权所有人的身份参与投资活动,这为包括企业家、商人和制造商在内的庞大的中产阶级提供了投资机会。公共投资工具的创建(包括公司和基金)孕育了一个流动市场,使得各种各样的机构和个人都能够参与其中。私人持有的商业机构和公司股权成为上市交易标的,公共市场的出现将储蓄者与世界各地的投资项目连接到一起,发挥着提供流动性、公开价值、优化资产组合以及降低交易成本等作用。

上市公司很大程度上是工业革命的产物,它继承和发展了作为其前身的股份制公司的经验。这些上市公司助推了经济增长的速度和规模,受益的行业包括19世纪的铁路以及20世纪的汽车、电脑、飞机和工业等。投资者找到了新的渠道去投资,工商界的透明度达到了人类历史上前所未有的水平并拥有巨大的社会财富创造力，这都要归功于股票市场的发展和证券监管框架的推出。

第三节　公司力量之源——股票市场秩序的建立

如果辛勤劳动或投资获得的财富有一天会突然被他人或国家权力剥夺，那么在这样的市场或社会，人们不可能有劳动或投资的积极性。在财政赤字异常庞大的情况下，比如一战后 1921—1923 年德国的极端通货膨胀，以及二战后日本的"冻结存款"政策，都造成了居民财富的大幅度缩水，国家滥发货币，同样可以剥夺居民的财富，这与直接利用国家权力剥夺居民的财富，本质上是一样的。在现实生活中，尤其是在市场中，还有很多利用自己的优势地位来侵害他人利益的情况。市场本身不会自动达到有效，在大多数情形下，市场有可能是失灵的，因此，各种形式的有形之手就有了存在的价值。

股票市场创造了人类有史以来最大规模的财富，也是进行巨额财富分配的场所和机制，是最基本含义上的名利场，也是一场时而高昂激越、时而呜咽低鸣的交响乐，投资者（短期的和长期的股东，大的和小的股东）、公司董事、公司管理层、中介机构（包括证券公司、会计师事务所、律师事务所、评级机构等）、监管部门（证监会、交易所及其他监管部门）等市场交易主体或监管主体，它们之间存在着非常复杂的合作和竞争的关系。为了追求自身的利益，各个主体也存在各种各样的机会主义行为，也会损害其他主体的利益。因此，股票市场秩序的建立，一定是一个漫长的、艰难的过程，必须面对种种矛盾和冲突，必须寻求建立一种公平的、可以持续的、多方共赢的、稳定的合作机制，以有效发挥股票市场的建设性功能。

一、从混乱走向有序

经过了 19 世纪 30 年代不正规、以自我调节为主的"童年期"，又经历了南北战争期间"无法无天的青春期",到了 20 世纪 20 年代,美国股市开始逐步摸索出一套保证市场有序和稳定发展的制度与程序。

在华尔街的历史上,再也不会有第二家公司能像伊利铁路一样受投机者欢迎了。1867 年,伊利铁路债台高筑、管理混乱,公司更是毫无诚信,其最重要的投机商丹尼尔·德鲁,同时也是伊利铁路的董事。科尼利厄斯·范德比尔特和德鲁集团的遭遇战是围绕着伊利铁路的控制权展开的。这时的美国,纽约中央铁路、宾夕法尼亚铁路和伊利铁路共同支撑着从美国西部到纽约市的陆路运输,范德比尔特希望在这三条相互激烈竞争的铁路之间寻求妥协,以维持价格同盟。可是对铁路运营毫无兴趣、一心只想靠操纵股市大发横财的德鲁控制着伊利铁路,使得范德比尔特的如意算盘每每落空。被德鲁惯用的欺骗伎俩彻底激怒的范德比尔特,最终下决心动用他那曾经横扫千军的巨额财产在华尔街收购伊利铁路的股票,由此揭开了伊利股票逼空大战的序幕。

当时的美国政府十分腐败,而股市则为权钱交易提供了最完美的平台。有关证券的法律法规严重缺失,在股市兴风作浪的投机商无一例外地都豢养和控制着忠实于自己的法官,这些法官竭尽所能利用手中的权力来影响股票价格的涨落。股市投机者之间的搏斗,在很大程度上变成了一场腐败的立法官员竞相订立和随意篡改股市规则的游戏。

范德比尔特开始大量买进伊利铁路股票,同时指使他所控制的法官颁布法令不得增加伊利股票的总量。而德鲁和他的盟友在范德比尔特还浑然不知的情况下,指使他们自己的法官下达了完全相反的法令,他们把大量伊利铁路的可转债转成了股票,同时还印刷了数万股崭新的伊利股票。结果,他们使得范德比尔特控制伊利股票的美梦彻底破碎,并在他反应过来之前,在市场上全数抛出了他们刚刚"制造"的"掺水股票",席卷了范德比尔特的700 万美元后逃离纽约。

在随后的几个月里,范德比尔特和德鲁都继续疯狂地贿赂立法机构以使胜利的天平倾向自己。最终,两败俱伤的范德比尔特和德鲁达成了妥协。在股市屡试不爽的范德比尔特未能如愿以偿地控制伊利铁路,而德鲁虽然暂时击溃了范德比尔特,但好景不长,他很快在新一轮伊利投机中悲惨落败于他原先的盟友——古尔德和菲斯科。

硝烟过后，当人们重新审视这个被疯狂的投机者和腐败的立法者搞得混乱不堪的博弈场时，终于意识到需要订立法律来健全上市公司的股票发行制度，尽管相关的法律还需要经过更多的股市阵痛才会真正来临——1929年股灾后，美国《1933年证券法》颁布，不过，那已是70多年以后的事情了（约翰·S.戈登，2005）。

进入20世纪20年代，纽约股票交易所虽然已经成为当时世界上最大的股票市场，但就其制度和运行方式而言，却和1817年刚刚建立的时候没有太大的差别。从本质上讲，它仍然是一个私人俱乐部，其宗旨是为交易所的会员牟取利益，而不是保护公众投资者的利益（约翰·S.戈登，2005）。

20世纪20年代的美国股市中，汽车股票成为龙头股，投机家赖恩决心在斯图兹汽车股票上一展宏图，不幸的是，他的对手中有一些是交易所的核心会员。赖恩成功地逼空了斯图兹股票，但身为交易所会员的几位空头试图通过修改交易规则来击败赖恩。然而，他们没有想到的是，单枪匹马的赖恩巧妙地利用了公众对弱者的同情，在舆论的强大压力下，交易所的当权派们投降了。但赖恩也付出了沉重的代价，他的对手依然控制着交易所，最终将他逐出了交易所。最后，赖恩的财富在随后而来的熊市和做空袭击中被洗劫一空。交易所最终报复了赖恩，也在声誉方面付出了惨重的代价，久久不能恢复。

在20世纪初的经济繁荣中，汽车工业成了美国经济的发动机。从1896年到1907年，美国经济和华尔街上的股价都大致翻了一番；但是，从1922到1929年，华尔街的步伐明显快于美国经济，这个时期美国国内生产总值增长不到50%，而道琼斯指数却上涨了3倍。

低利率环境进一步刺激了华尔街上的投机活动，股票信用借贷成了比任何买卖都赚钱的生意。投资者满怀着在股票市场上大发横财的愿望，用保证金买入股票，对借款成本几乎不加考虑，使得股票信用借贷的利率不断上升。到1929年夏末，这一利率已经高达20%。不仅各家银行积极参与进来，大的工业企业，比如伯利恒钢铁公司也在这个市场上投资了1.5亿美元，克莱斯勒公司的投资也有6000万美元。

当时任美联储主席本杰明·斯特朗觉察到这种投机活动几乎要失控时，他果断地采取了措施。在 1928 年，他 3 次提高贴现率，使之高达 5%；并开始缩减货币供应，以防止股票市场的灾难性崩溃。

1928 年 10 月，斯特朗去世。失去舵手的美联储无能为力，它只是机械地将贴现率维持在 5% 的水平上，却允许银行将美联储提供的资金注入本已狂热的投机行为中去：美联储成员银行从美联储贴现窗口以 5% 的利率借入资金，然后以 12% 的利率借给经纪人，经纪人以 20% 的利率又借给投机者。这样，资金源源不断地涌入华尔街，而美联储只是试图用"道义劝告"去阻止这股滚滚的投机洪流。

1929 年的春夏，股市在无数人致富之梦的推动下节节攀升，9 月 3 日，道琼斯工业平均指数达到了 381.17 点，这个高度比后 25 年之内再也没有见到过。1929 年 10 月 24 日，纽约股票市场价格在一天之内下跌 12.8%，大危机由此开始。紧接着就是银行倒闭、生产下降、工厂破产、工人失业。大危机从美国迅速蔓延到整个欧洲和除苏联以外的全世界，是迄今为止人类社会遭遇的规模最大、历时最长、影响最深刻的经济危机。

美国的《1933 年证券法》是世界各国证券市场监管立法的典范，更是各国仿效和借鉴的对象，又称证券真实法（Truth in Securities Law），共 28 条，是第一部保护金融消费者的联邦立法，也是美国第一部有效的公司融资监管法。《1993 年证券法》最引人注目的是确立了信息披露制度，并在附件 A 中详细列举了发行人必须披露的具体内容。

《1934 年证券交易法》主要规范了以下几个方面：对证券发行中多种侵害投资者权益和非法操纵市场的行为进行界定；要求交易所、经纪人、证券经销商及在交易所挂牌交易证券必须注册；要求所有相关机构必须对经营和财务信息进行充分披露；要求公司的所有股东行使自己的权利，参加股东大会，选举自己的董事。这部法律赋予证券交易委员会对交易所、从业机构及上市公司的监管权，并强制相关机构和个人严格执行《1933 年证券法》。

这两部法律出台的背景是 1929 年纽约股市大崩盘以及随后发生的经济萧条，为恢复投资者对证券市场的信心，当时的美国总统罗斯福力促新法运动,将跨州交易的证券市场纳入中央政府管辖之下。《1933 年证券法》主要以信息披露为中心对证券发行进行了规定,《1934 年证券交易法》主要规范证券发行后的上市公司信息披露及证券上市交易行为。这两部法律明确规定了经营者对股东的汇报义务,以及董事作为股东的受托方责任。1940年还通过了《投资公司法》和《投资顾问法》,以法律形式明确基金的运作规范,严格限制各种投机活动,为投资者提供了完整的法律保护。这一时期制定完善了金融领域的各项法律,基于这些法律,现代金融行业得以重建。

二、股市的投机本性与造富神话

人类天性中有一种道德上的冒险精神或者说道德上的不负责任的随意性,导致经济机制运行中必然出现非理性行为。比如,在股票市场发展的各个历史阶段,由于信息不对称,且由于受到教育程度、证券投资知识缺乏、能力、时间、精力等等的限制,有相当一部分投资者在进行股票投资的时候,不是根据自己拥有的信息来决定自己的行为,而是根据观察到的他人行为或信号来作出相同的决策和行为,从而在整体上呈现出"羊群效应",这种从众行为对股票价格的影响是巨大的,会导致股票价格暴涨暴跌。开始时,随着股票价格上涨,投资者喜笑颜开、获利丰厚;其他投资者见猎心喜,纷纷跟进,股票价格进一步上涨;最后,价格暴跌,追涨的投资者损失惨重。在某种程度上,人们可以把市场泡沫定义为资产的价格是由交易价值而非其内在价值所决定的现象。

英国南海公司的股票上涨吸引了一位当时最杰出人士的注意,那就是艾萨克·牛顿爵士,伟大的物理学家。1720 年初,牛顿以每股 150 英镑的价格买进,短短几个月就涨到了 350 英镑,大赚 7000 英镑。随后,南海公司的股票继续上涨,涨到了 600 英镑、700 英镑,甚至 800 英镑,牛顿再也忍不住了,借钱在高位再次买进。股票继续上涨到了 1000 英镑,但是牛顿并不满足,仍继续持有,随后,股票价格暴跌,到了 1720 年下半年,牛顿不得不卖出股票,损失高达 20000 英镑。当时牛顿曾这样说:"我能够计算沉重人体的移动,却无法计算出人心的疯狂。"

就股票经纪人而言,乐于看到人们热衷于投机,频繁的交易会给他带来大量的佣金。如果放置在不受监管的市场环境中,很多经纪业务提供的服务和赌场的运作有极强的相似性。19世纪和20世纪初在美国兴盛一时的"投机商号"就给客户对赌商品及价格提供了便利场所,其性质基本与赌场类似。他们允许光顾商号的人在与别人社交的过程中,在观察别人投注之后,进行一系列小额的投注。20世纪前20年是美国社会经济发展最激进的年代,也正是在这个年代,投机商号被各州监管者彻底取缔。

就股票市场而言,投机活动大大增加了市场的交易量和流动性,增加了市场的参与者数量,而这恰恰有利于确保市场产生最公正的价格。但是"投机者"一向是华尔街上一切不幸的替罪羊,他们总是会被指责为每一次市场狂热以及必然随后而来的熊市的罪魁祸首。然而,投机活动不仅幸存了下来,而且还日渐繁荣。正如20世纪初伟大的英国金融家欧内斯特·卡塞尔(Ernest Cassel)爵士所说:"当我年轻的时候,人们称我为赌徒;后来我的生意规模越来越大,我成为一名投机者;而现在我被称作银行家。但其实我一直在做同样的工作。"(约翰·S.戈登,2005)

尤金·法玛(Eugene F. Fama),芝加哥经济学派代表人物之一,2013年诺贝尔经济学奖得主。他在1965年写道:"在有效市场中,许多聪明的市场参与者相互竞争,其结果是使单一证券的价格反映已经发生和预期将要发生的事件的共同影响,这种现象可能在市场竞争的任意时段出现。换句话说,在有效市场中,任何时候的证券价格都将成为其真实价值的逼真预测值。"(罗伯特·希勒,2013)

"许多聪明的市场参与者相互竞争"指的就是投机行为,如果聪明人都极力避免投机行为,只会简单地采取广泛分散风险的投资方式,那么,市场中就没有一股力量将股价推向"有效"的水平。市场上的竞争,焦点在于对股票价值的准确估计。股价不再单纯是公司已经创造的价值(即过去的价值)的反映,而是公司在未来所有现金流的折现价值的反映,而这种价值的大小取决于对未来现金流大小在时点上的分布以及对合适的折现率的估计。一旦涉及对未来的估计,人们就会受到种种信息、判断和情绪等复杂因素的影响,从而会使股票价格在短时间内出现大幅度的波动。但不管怎样,股票的定价机制消除了公司过去财富与未来财富的界限,使得股票市场有可能给股票持有者带来历史上无法想象的财富,因为未来的财富有可能是无限的。

美国的国土面积是日本的 25 倍,但是 1990 年美国的房地产价值只有日本的五分之一。1989 年和 1990 年,媒体上对日本的股票和房地产估值的报道司空见惯,其中最常提到的是日本皇室所占用地的价值相当于整个加利福尼亚州。如果日本觉得加州还不够的话,理论上讲,他们可以用东京买下整个美国。

互联网是人类历史上的重大技术进步,由这项技术进步所带来的各种美好前景,有很多在后来都实现了。投资人可以期待的是,一旦企业有一天取得行业主导地位,就会有持续、巨额的利润,那么今天的损失也就不算什么了。几百万人被这种挣快钱的诱人前景所吸引。一时间,那些对互联网热潮无动于衷的人都被当成落伍者,沃伦·巴菲特就被认为是其中之一。

尽管赌博、投机和投资的结果都是不确定的,但它们本质上还是有差别的,投机者或投资者进行交易是希望获得正的预期收益,而赌博的预期收益是零或负数。比如购买彩票,在彩票销售收入减去销售渠道费用、用于体育或慈善事业的费用之后,才是奖金池的总金额。对所有彩票购买者来说,其购买彩票行为的预期收益是负数,但是彩票的购买者们乐此不疲,总希望以小博大,希望自己是一个幸运儿。实际上,他们放大了自己获奖的概率;更有甚者,赌博者把这一过程看成乐趣或价值所在,增加了他的预期“收益”。

在经济不太景气的时候,彩票行业反而有可能是比较兴旺的。2023 年上半年,中国经济“半年报”中披露的失业率数据引起了广泛的关注。数据显示,全国城镇调查失业率平均值为 5.3%,而 16～24 岁年龄段的失业率高达 21.3%。据财政部数据,2023 年 1—7 月累计,全国共销售彩票 3228.04 亿元,同比增长 51.2%。其中,福利彩票机构销售 1076.82 亿元,同比增长 23.4%;体育彩票机构销售 2151.21 亿元,同比增长 70.5%。

投资者对上市公司的前景作出自己的判断,这个决策过程是极度动态化的,也是非常复杂的,因为许多因素都变化不定。比如说,你能看到的是一家公司过去的经营记录和高管绩效,但是你很难知道高管是服务于自己的利益多一点还是服务于股东的利益多一点,高管的绩效是自己努力的结果还是纯粹是由于运气好；对于公司产品的销售、利润或可能遇到的困难，即使你判断得很准，但可能整个市场不这样认为，股票的市场价格并没有如你预期的那样变化，你判断得准确，可能你反而亏了钱。因此，在这个意义上，凯恩斯认为，在股票市场上做投资，就好像是"选美"比赛，重要的不是选出你认为最漂亮的，而是猜测大家认为谁是最漂亮的。对于凯恩斯来说，似乎并不存在价值与价格的区分，重要的是实际的市场价格。

巴菲特曾经在《财富》杂志发表文章，他对投资者的建议是："股票市场投资策略的制定应该考虑两类因素：第一，即使你确实知道宏观经济的趋势，你并不必然知道股票市场的走势；第二，投资者自己挑选股票，很难做得比大盘好，股票应该是值得长期持有的东西。投资者往往会做错两件事情：买了不好的股票，或在错误的时点买卖股票，而事实上却不需要这样做。我经常说，在别人恐惧的时候，你应该变得贪婪；在别人贪婪的时候，你应该感到恐惧。"

巴菲特也看到了股票市场的投机性和股票定价的困难性，他甚至用"市场先生"来描述股票价格的变化多端，他要做的是充分利用股票市场的波动性，选择低买高卖的时机，给股票投资赢得最大程度的"安全边际"，从而增大获利的可能性和获利的程度。

三、监管之道在权衡

市场机制已被证明比中央计划更有效率，市场能够提取买者和卖者的私人信息，并且把这些信息加总为单一的有效价格和数量。哈耶克认为，如果市场机制的规则的建立，是为了用来引导和强化市场自由交易的，那么就会产生自发秩序。但市场是十分复杂的，它取决于众多个人的行为，对决定着一个过程之结果的所有环节的情况，几乎永远不可能进行充分的了解或计算，而且这并不单纯是计算能力的问题，每一个参与者为了自己的私利都有可能隐藏自己的私人信息。市场不能自动解决自己面临的所有问题，市场失灵的情况并不少见，比如市场失当行为、垄断行为、环境污染及金融危机等。

　　市场是一个进行产权界定、交易、注册及保护的社会体系。市场参与者利用市场平台进行交易，必须遵循一致的规则。否则，就会有人受损或受诈骗，市场也就无法健康发展。合同的有效执行可以基于不同的机制，如对家庭的忠诚、经济利益、社会声誉、法律制裁和超自然的信仰等等，在不同的国家和时期，这个机制可能发生很大的变化；一个国家和地区，也有区别于其他国家和地区的相对有效的执行机制。与此同时，在资本市场中，与商品交易市场不完全一样的是，证券交易并不是像商品一样由相对容易估计的成本和价值的差别所驱动，而是出于不同的市场主体对于证券风险的不同态度以及他们对证券资产未来价值的千差万别的评估。证券的价格，随着市场整体"情绪"（或乐观或悲观）而变化，相比较于商品价格具有更大的波动性。

　　市场机制的平稳有效运行在很大程度上取决于这样一个假设，那就是信息是对称分布的，但信息的不对称分布是天然的。市场监管是一种减少市场失灵的方式，也包括减少信息不对称的程度，它本质上是一种对于市场参与者行为的规范和治理，在市场的健康和有序发展中扮演着重要角色。在资本市场，监管的目的就是保护资本市场的参与者，保护其产权。法律与金融类文献则强调法律制度在资本市场成功运作中的重要作用（LaPorta et al.，1997，1998）。这些文献认为，有效的投资者保护机制缓和了外部投资者与管理层或控股股东之间的代理问题，减少了信息不对称，从而刺激了投资。

　　曾经担任三届香港证监会主席的沈联涛（2010）认为，对于一个保护产权的市场，需要一些前提条件。第一，政治稳定，宏观政策与货币政策恰当。第二，存在适当的产权纠纷仲裁与解决的机制，如会计、估值标准及注册机制以清楚标明所有权，有独立的司法系统等。第三，市场信息对所有使用者应是准确、可获取的。第四，所有市场参与者尤其是金融中介和企业必须有良好的公司治理，以便保护借款人、存款人和投资者。第五，所有的过程与技术平台是为了促进交易、清算和支付的，因此必须有效和稳定，最好都能达到国际标准。

　　在现实中，没有一个市场是完全的或完善的，每个市场都是由其历史、社会、政治和资源背景所决定的。监管必须适应特定市场的现实才能有效，良好的监管，是能够适应环境变化的监管，监管工具和监管策略要持续更新和改进。监管者要有能力实施坚定的独立判断，新兴市场或过渡市场的监管者的困难之处在于，监管者往往同时是市场发展的推动者，监管者需要面对的有时候是相互矛盾的目标。同时，要成为一个有效的监管者，充足的资源和恰当的授权也是必备的。

监管是对市场行为的监管。市场参与者的行为受到信息及制度给予的激励引导，如果市场上充斥着虚假或误导的信息，就会产生欺诈和误导。如果有人可以作弊不付出代价，他就会继续作弊。因此，只有强有力的执行才会改变不良的行为。监管还是一种约束。市场行为有 3 种约束：自我约束、监管约束和市场约束。如果自我约束有效，就无须监管约束，因为后者增加了市场的运行成本。市场约束或许是其中最重要的，因为在一个开放、公平的环境下，市场竞争决定了最终的结果。市场想要很好地运作，3 个约束必须共同发挥作用。

市场不仅仅是信息上的套利、税务上的套利，也不仅仅是监管套利，市场最终是关于价值的套利。因此，市场是一个社会体系，市场间的竞争归根结底是治理的套利。目前，ESG 投资在全世界范围内大行其道，也充分说明了一个公司的治理水平与其所承担的社会和环境责任一样，都是这个公司可持续发展的基础，公司的 ESG 评价将成为越来越多投资者选择投资标的的重要评价指标之一。

郎咸平（2008）认为，股份有限公司起源于教会管理宗教信徒捐赠的土地、房屋等资产，管理权与所有权分离，聘请经理人来管理，同时把教会所承担的风险与所管理的资产进行分离，以明确有限责任。历史上，股份有限公司的发展经历很多波折，就美国而言，随着《1933 年证券法》、《1934 年证券交易法》和《反托拉斯法》等一系列规范股份公司、股票市场和保护中小投资者利益的法律的有效实施，股票和股票市场才真正成为老百姓可以分享公司创造的财富的机制。因此，股份有限公司要办得好必须具备两个条件，就是一定要有良心。如果没有良心，就要用严刑峻法的法治化游戏规则让人们不得不有良心。因此，如果一个国家、一个社会、一个地区，既无良心，又无严刑峻法，股份制就只是形式而没有灵魂。

许小年（2011）认为，我们到现在仍把资本市场当成民生工具、政绩指标。在这样的思想指导下，资本市场监管的首要任务就变成了调控指数，而不是维护市场规则和投资者权利。我国的资本市场发展道路上的艰难曲折，追本溯源，都和资本市场的定位混乱有关。资本市场的作用是为资产定价的，资本市场通过资产价格指导全社会有效配置资金，进而提高整个社会的投资效率和效益。

2024 年开年，国内股票市场加速下跌，2 月 5 日，沪指创下了近四年来最低 2635 点。吴晓求在 3 月份接受香港凤凰卫视吴小莉采访时谈及稳定和发展资本市场，他认为首先，资本市场出现这样的问题，一定是背后的制度设计出了问题，制度背后有一个巨大的财富漏出机制，也就是有多少资金进来，都会从这里漏出去。过去的三四年，内地每年上市的公司都有三四百家，大约有 65％的上市公司在 3 年到期后都会减持，其中有相当多的公司并没有创造与其融资额相匹配的利润。其次，投资者是聪明的，如果他发现 IPO（首次公开募股）已经变成了一门生意，而实实在在地办企业很累、很难，公司办得好坏无所谓（甚至财务造假），只要 IPO 成功了就是闯关成功了，只要上市后股价居高不下，就可以轻松地成为十亿富翁，甚至百亿富翁，可是这种情况并没有为社会带来多少财富。最后，还要进一步完善注册制改革，要实施严刑峻法，这个是最重要的。否则的话，大家都去闯关，违规违法的成本很低，那么这个市场就失衡了。

因此，资本市场的健康、稳定和可持续发展，需要我们平衡好投资端的资金供应和融资端的资金需求，要大力发展长期投资资本和耐心资本，增加长期资金的供应，也要约束融资需求，尤其要剔除虚假的需求，比如上市只为圈钱和高价卖出股份套现，才能从整体上优化资源配置；需要我们平衡好促进经济发展、公司价值创造和给予股东良好的回报之间的关系，只有公司真正创造了价值、股东有了合理的回报，才会持续地促进经济的发展，如果简单地为上市而上市、为融资而融资，不能创造价值，那么对于整个社会来说，是一种价值的破坏而不是价值的创造；需要我们平衡好违法的成本和收益，在一定的发展阶段，如果没有其他有效的监管和约束机制，违法收益高而成本低,就需要严刑峻法来保护投资者的利益,以此来促进资本市场的健康、稳定和可持续发展。资本市场要达到高效率,需要有信息能使一级市场和二级市场的投资者对证券的估值有信心,正是这些估值最终引导了实际资源的配置。

总而言之,纵观股份有限责任公司和股票市场的发展历史,投资者(股东)投入资本去开创新的事业,冒着投资失败的风险,是为了追逐投资资本的收益,投资者是投资的源泉,公司能够真正地创造价值并回馈给投资者是投融资良性循环的关键。横向比较不同国家和地区的股票市场,发展得好的市场无一不是能够较好地保护投资者利益的市场,只有这样,股票市场才能吸引更多的投资。因此,资本市场的健康、稳定和可持续发展,根本在于要切实提高上市公司的质量,保护好投资者尤其是中小投资者的利益。

第二章　股票市场的发展与脱缰野马——流动性带来的市场深化与异化

股票市场的发展，实现了资本来源的社会化，分散了企业所有权，有效扩大了企业的规模。与此同时，企业的风险和收益也会随着股权传递给众多投资者，企业的风险和收益也社会化了。在这个过程中，风险和收益的合理的、公平的传递就成为股票市场健康发展的关键。但是在实践中，股票市场在发展中逐渐有了自己独特的演化逻辑，投资者的利益和风险既来自公司的利益和风险，也来自股票市场的收益和风险。公司和股票市场的关系就像一对欢喜冤家，在发展中既互相影响、互相促进，也不断疏离、不断背离。

流动性用来衡量投资变现的速度以及投资的成本效益。如果一项资产可以在相当短的时间内被出售，且只产生较小的交易成本，那么这就是"流动性资产"。股票市场的发展，使得股票这个公司所有权的凭证可以在新老股东之间快速地流转，股票变成了一种新的流动性资产，这种交易的便利性是合伙制份额转让过程中所缺乏的。"公司—股票市场—投资者"这种新的链接和快速发展的流动性可能会带来两个效应。一个效应是公司可以通过股票市场在更广的范围内甚至在不同的国家、在各个阶层高效地筹集资金，促进公司的发展；对公司股票的投资者来说也是一样，可以在更广的范围内选择投资标的、极大地优化自己的投资组合，这个效应可以称为深化效应，深化效应带来了投融资效率的提高，带来股票市场对于实体经济的促进作用。另一个效应是公司与投资者之间的利益关系链条变长，股票市场形成之后，有着自己独特的运行机制和发展机制，股票市场的价格波动不一定完全与公司的价值波动相关，很多时候，投资者只关心股票价格的波动而不关心股票背后的公司经营情况，投资者作为股东一般并不参与公司实际的经营运作，与公司之间产生了疏离，投资者对公司的经营管理漠不关心。可谓"只见股票不见公司"，只要股票价格产生有利的变化就好了，这个效应可以称为异化效应，异化效应带来了一系列的市场监管问题和公司治理问题。在股票市场发展过程中，流动性带来的深化效应和异化效应如影随形，共同促进市场的演进。深化效应与异化效应不同的发展势头及不同的组合，使得各个国家和地区在不同历史时期的股票市场发展呈现不同的状态和特征。

第一节　股票市场的流动性与实体经济增长

关于股票市场的流动性与经济增长之间的关系,路易吉·帕加内托、埃德蒙·S.菲尔普斯(2013)做了比较好的总结,大体上有三种观点。(1)流动的股票市场是工业革命的前提条件和许多国家经济增长背后的关键因素。(2)股票市场的高流动性降低了储蓄率,削弱了公司控制,并阻碍了经济增长。(3)股票市场基本上就是一场杂耍、一个玩家下注的赌场,对实质经济几乎没有什么影响。以上每种表述都有严密的理论模型作为支持,也得到很多国家及地区不同时期实证检验的证实。

例如,铁路建设周期很长,如果储蓄者对是否要放弃存款进行长期投资犹豫不决,那么这种顾虑就会阻碍铁路建设,储蓄就难以进入实体经济。在这种情况下,股票市场的流动性就可以打消这种顾虑,投资者可以在股票市场上很方便地转让对铁路公司的索取权,同时还有机会获得铁路公司利润增长带来的收益。股票本来应该与实体经济中的对应公司具有紧密联系,公司业务和营利能力都不可能在短时间内发生急剧变化,如果股票价格由于频繁交易而发生了剧烈变化,就有可能对实体经济产生负面的影响。比如,股票市场的高流动性也有可能阻碍铁路建设。首先,收益提高对储蓄率的影响并不明确,根据收入效应和替代效应,收益增加有可能提高也有可能降低储蓄率。而储蓄率越低,动员资本投资于铁路就更加困难。其次,流动性更强的证券市场可能会促使铁路所有权更加分散化,这样每个所有者花在监督铁路建设和经营上的时间和资源就更少。如果股票市场流动性的提高显著降低了公司控制,那么它对资源配置和经济增长就会有负面影响。因此,理论上尚无法明确股票市场流动性的提高对于经济有效地建设铁路的能力的净效应。

为了发展市场经济,最初的中国股市只是试点,国有企业囿于"姓资姓社"意识形态的争论,也不敢申请上市。后来,很快监管层就发现,股票市场在筹集资金、促进实体经济发展上有着巨大潜力。因此,股市开始被定位为国有企业改革服务的市场,股票上市是为公司筹集发展所需的资金,并改善公司治理、提高经营效率。随后,看到股市美好前景的民营企业也开始争相上市。国有企业上市与民营企业上市具有不同的社会效应,民营企业上市带来了许多传奇式的个人创业故事、个人或团队创新精神,带来一个个活生生的财富故事,并且通过媒体的宣传而广为人知,激发了整个中国社会的创新激情和创业文化,动员起整个社会的各种资源,极大地促进了经济的增长。

但是,从公司层面来讲,如果股票市场的价格在短时间内上涨过快,甚至涨到了离谱的程度,对股东尤其是大股东而言,无论是国有企业还是民营企业,尽快通过二级市场卖出股票兑现收益可能成为最佳选择,如果能够在短时间内获得暴利,就没有必要辛辛苦苦地长期经营。有人看到了 IPO 也可以成为一门生意,为了追逐财富,甚至不惜弄虚作假、违法犯罪。如果大股东热衷于炒买炒卖和赚快钱,一旦缺少了能够负起经营责任的大股东,留下的股东只是短期的投机者,可能就没有人真正关心公司的长远发展。股东如果对公司不满意,只能用脚投票,一走了之,股东尤其是大股东的消极主义会严重影响公司的治理,进而对公司的价值造成破坏,也为股票市场的健康发展留下巨大的隐患。

从 2010 年开始,我国不再把年度新增贷款总量作为宏观经济调控的一个最重要的数据,而是提出了"社会融资总规模"的概念,并把它作为一个更全面的重要数据。社会融资总规模,就是在整个年度经济的融资活动中,通过金融部门向非金融部门提供的资金总量。这里所谓的非金融部门就是实体经济。随着金融市场的深化和金融工具的发展,银行贷款在社会融资总规模中的比重越来越小,股票融资、债券融资、保险理赔、商业票据、信托、委托、金融租赁等各种融资活动都在支持实体经济的发展,且占比越来越大。因此,周小川(2012)提出了一个非常重要的观点:总体而言,金融交易的频率应该与其对应的基本面变化的频率大体有所配合。比如对一个农产品而言,通常体现为一个种植周期,当然也可能与气候条件、自然灾害、农机化肥投入等很多因素有关,但是总体而言是按大体稳定的种植季形成产出的,不会出现比一个种植季短得多的时间内发生剧烈供求波动的情况。工业企业也类似。人们比较担心一些高频交易容易脱离经济基本面,脱离实体经济。绝大多数依靠技术发展起来的高频交易,其优势是反应快,多数都在做趋势性交易,并不关心产品背后的基本面是什么。当金融交易高出有关经济实体基本面变化频率的很多倍,甚至好几十倍的时候,我们就要对这种产品及其交易打一个问号,看看这个产品及其交易是不是脱离了实体经济。在股票市场,股票交易频率高出公司基本面变化频率的情况比比皆是。

第二节　股票市场的流动性与股票价格

经济学基本理论认为价格是由供求关系决定的,供不应求则价格上涨,供过于求则价格下跌。但它并没有谈到价格是如何随时间变化、如何在均衡点附近循环往复地移动的。

股票的流动性是股票市场微观结构研究的重要领域之一,流动性是股票市场非常重要的一个特征,流动性对一级市场和二级市场均有影响。二级市场强调的是流动性,流动性越充分,越有利于发挥股票市场的价格发现功能。可以说,流动性是股票市场的灵魂,流动性的高低直接而且在很高程度上影响了股票的价格。缺乏流动性的资产,其价格必定会偏低,比如房地产,买卖双方都会去寻求一个合理的价格,由于交易金额较大,很难在短时间内成交。特殊情况下,如果人们对于未来房价二涨信心十足,唯恐错过买入时机,那么房地产的买卖时间就会比一般情况下缩短很多。在中国香港股市,有一些股票成交极为惨淡,一旦有一笔比较大的买单或卖单,就有可能造成价格的大幅波动。

机构投资者进行交易时,由于交易金额相对较大,会更加关注交投活跃的股票。流动性可以从四个方面得到反映:(1)交易的即时性,也就是交易的难易程度,即时性越强,则流动性越高;(2)交易的宽度,比如以买卖价差来衡量,买卖价差越小,流动性越高;(3)交易深度,即在特定价格上存在的订单数量越大,则流动性越高;(4)弹性,即由于一定数量的交易导致价格偏离均衡水平后恢复到均衡价格的速度(周开国,2009)。

从是否拥有私人信息的角度，我们可以把股票市场的交易者分成两类：一类是拥有私人信息的交易者，或称知情交易者（informed trader），这类交易者可以利用他所拥有的私人信息发生交易而获取利润；另一类是不拥有私人信息的交易者，或称不知情交易者（uninformed trader），也称为流动性交易者（liquidity trader）或噪声交易者（noise trader），这类交易者不拥有私人信息，发生交易仅仅是为了实现股票的流动性。股票市场上总是有部分投资者掌握了私人信息，投资者之间存在信息不对称。两类投资者对股票市场的流动性贡献是不一样的。一般而言，散户投资者往往都是信息的后知后觉者，拥有的信息在数量和质量上也远不如机构投资者。机构投资者则拥有大量不为外人所知的信息，所以机构投资者有机会充分利用这些信息来获取收益。比如，利用人们的跟风产生羊群效应，操纵股票价格波动以吸引趋势投资者，在价格上升到高位之后离场，使散户投资者落入陷阱。

一、换手率与全民炒股

根据谢百三（2003）对中国股票市场早期阶段发展的研究，持续的高频度交易是中国投资者的一个典型特征。如果股票市场波动幅度大，投资者频繁交易，就会具体体现在整个市场的年平均换手率上，如表2-1所示。

表2-1　全球主要国家和地区股票市场年平均换手率比较（1995—2001年）

单位：%

年份	中国沪市	中国深市	中国台湾	美国纽约	日本东京	英国伦敦	中国香港	韩国	新加坡
1995	528.72	254.52	227.84	59.00	26.77	77.60	38.00	105.11	17.80
1996	913.43	1350.35	243.43	62.00	28.94	78.60	41.00	102.98	13.60
1997	701.81	817.43	407.32	65.71	32.93	44.03	90.92	145.56	56.28
1998	453.63	406.56	314.06	69.88	34.13	47.10	61.94	207.00	63.95
1999	471.46	424.52	288.62	74.62	49.37	56.71	50.60	344.98	75.16
2000	492.87	509.10	259.16	82.40	58.86	63.81	62.99	301.56	64.97
2001	449.06	483.44	206.95	87.62	56.52	76.10	46.55	218.24	56.07

从表 2-1 可以看出,深交所和上交所的年平均换手率远远超过其他国家和地区的交易所,其中美国纽约、日本东京、英国伦敦、中国香港和新加坡没有一年的年平均换手率超过 100%,中国香港即使在市场交投非常活跃的 1997 年,换手率也仅有 90.92%;美国纽约在网络股强势上涨的 2000 年,年平均换手率也仅有 82.40%。

在我国股票市场发展的早期,由于上市的股票较少,换手率高一点也并不奇怪。但是如果换手率在股票市场发展过程中持续居高不下,那么投资者会付出非常高的交易成本,整个股票市场的投机气氛浓厚,市场上充斥着不知情交易者,投资者就难以进行长期投资和价值投资。

实际上,中国股市尽管随着股市规模的扩大,换手率有所下降,但换手率一直维持在高位;且市场参与的投资者人数越来越多,占总人口的比例也越来越大,隐隐呈现出"全民炒股"的景象。上交所因为集中了国内大部分的银行、保险、石油、钢铁等大市值公司,市场整体的流动性较好,市场参与者众多,股市行情也相对比较平稳。

从表 2-2 中可以看出:(1)从 2003 年到 2021 年,上海股市整体的年换手率(年换手率＝∑日换手率),最高是 2007 年的 927.19%,对应的股市行情是 2007 年全年上证综指涨幅 94%,且在 2007 年 10 月 15 日创下历史最高 6124 点;最低是 2012 年的 101.60%,对应的股市行情是从高位下跌以后在 1900 点至 2500 点之间的盘整行情,2012 年市场走势不明朗。(2)平均市盈率等于总市价除以总收益,沪市平均市盈率最高是 59.24,对应的是 2007 年的高位火爆行情;最低是 10.99,对应的是 2013 年,上证综指全年下跌 7%,且遭遇了"乌龙指""钱荒""债市风暴"等多起风险事件。(3)投资者户数是上海股市 A 股户数、B 股户数、信用交易户数、基金户数四者之和,截至 2021 年,A 股户数为 29775.98 万、B 股户数为 169.60 万,基金总户数为 1135.12 万(其中信用交易户数为 56.27 万),合计 31080.70 万,已经是一组非常庞大的数字;从 2016 年开始增加计算基金户数,当年投资者户数是 22485.37 万,如果不计算基金户数,则为 16994.84 万。投资者户数 2018—2019 年的大幅减少和 2019—2020 年的大幅增加主要是基金户数的减少和增加,而 2021 年的大幅增加则是 A 股户数的大量增加。

根据中国国家统计局的数据，截至 2020 年年末，中国 18～60 周岁的人口总数为 8.5 亿左右。其中，男性人口数约为 4.4 亿，女性人口数约为 4.1 亿。单纯以 2021 年末的 A 股户数 29775.98 万计算，已经占到该年龄段人口的 35%，"全民炒股"所言不虚。

表 2-2　2003—2021 年上交所股票年换手率、市盈率与投资者户数

年份	投资者户数/万	平均市盈率/%	年换手率/%	年份	投资者户数/万	平均市盈率/%	年换手率/%
2003	3644	36.54	250.75	2013	9098	10.99	123.60
2004	3787	24.23	288.71	2014	9738	15.99	173.76
2005	3856	16.33	274.37	2015	13750	17.63	388.47
2006	4101	33.30	541.12	2016	22485	15.94	158.43
2007	7131	59.24	927.19	2017	26296	18.16	144.99
2008	7973	14.85	392.52	2018	29610	12.49	115.19
2009	8965	28.73	504.37	2019	24398	14.55	165.89
2010	8154	21.61	198.47	2020	27550	16.76	214.04
2011	8705	13.40	124.80	2021	31081	18.02	235.24
2012	8996	12.30	101.60				

注：表中投资者户数已做四舍五入处理。

数据来源：上海证券交易所统计年鉴。

如此高比例的人口参与股票投资，会带来明显的散户效应——市场热点不断，股票价格波动幅度大。大部分的散户在投资时不做研究，不看公司基本面，也不研究公司的经营情况、不了解公司的最新信息，而是跟风炒作。甚至有的散户还采用杠杆交易，面临极大的交易风险。

"全民炒股"还会带来显著的道德风险，即显性的和隐性的担保机制引起的过度冒险。如果股票市场上涨幅度过大或过快，国家出于整体风险控制的需要，就会出台相应的股票市场降温措施，防患于未然。如果股票市场价格下跌幅度过大，投资者大面积亏损和深度套牢，价格长期处于低位，甚至影响到市场融资功能的实现，政府也会出台各种各样的救市政策，促使股票价格上涨。政府的"有形之手"会干预股票市场的涨跌，形成所谓的"政策市"。基于对"政策市"的预期，投资者尤其是散户也会在投资策略上更加激进和冒险，一旦被套牢或产生亏损，就会寄希望于政府救市。

二、市场交易主体与长短期资金错配

一般而言,长期资金应该用于长期用途,短期资金用于短期用途,长期资金也可以用于短期用途,但是短期资金不能用于长期用途。频繁交易与资金期限的错配也有一定的关系。

在众多的投资资金中,养老金是投资期限比较长的。但是许多国家会根据养老金持有人的年龄对投资用途作区别对待,如允许年轻人将养老金作长期投资,而对于临近退休的老年人则只允许其将养老金中的较小比例投资于股票,甚至不允许投资股票。由于年龄及身体健康因素,老年人是不能承担高风险投资的群体。在正常情况下,这部分人的投资行为提高了二级市场的流动性,也促进了一级市场的发行,但一旦市场价格出现下跌,他们将难以承受和消化这种风险。

在投资中,关于流动性,一个重要的问题是谁应该关注流动性。比如,商业银行借短贷长,赚取利率差价,因此需要关注资金流动性从而有效地应对储户的提现。一旦所有储户在同一时间提出提现的要求,没有哪一家银行可以单独应对这种挤兑,因此,在绝大部分国家,由中央银行作为最后的贷款人和流动性提供者以保证金融体系的安全。

大卫·斯文森(David Swensen)在负责耶鲁大学捐赠基金时,其价值投资理念、资产配置策略以及长期投资绩效均独树一帜,成为美国机构投资者中的佼佼者。其投资的最鲜明特点是充分运用另类投资,尤其是那些市场定价效率不高的资产类别,如私募股权投资和固定资产等。相对于流动性高的资产来说,流动性低的资产存在价值折扣,越是市场流动性不好的资产类别,越有成功的机会。耶鲁大学捐赠基金大胆创新,先于绝大多数机构投资者进入私募股权市场。其于1973年开始投资杠杆收购业务,1976年开始进入私募股权市场,20世纪80年代创立绝对回报资产类别。耶鲁大学捐赠基金的配置资产大致分为八类:绝对回报资产、本土股票资产、固定收益资产、境外股票资产、油气林矿、PE、房地产和现金类资产。这八类分散投资,且各资产类别之间的相关性低。

耶鲁大学的支出主要集中于对通货膨胀非常敏感的教职工工资福利，耶鲁大学捐赠基金的投资目标是保存和增加购买力，因此大量配置股权资产。从本质上看，股权资产，不管是上市公司股票还是非上市公司股权，其价值都取决于公司的剩余现金流，而债券只是基于固定收益的获得。债权投资往往在通货膨胀严重时期表现较差，其长期回报率远低于股权资产。因此，耶鲁大学捐赠基金在债券市场的目标配置比率大大低于同行。

耶鲁大学捐赠基金的成功，很大程度上是因为它很好地解决了长期持仓的资产选择和组合与购买力增加之间的关系，它可以在长时间内选择低流动性、折价高的资产进行投资，从而获得超额收益。

根据上海证券交易所 2022 年年鉴资料，2021 年年末各类投资者持股情况如表 2-3 所示。

表 2-3　证券 2021 年年末各类投资者持股情况

投资者类别	持股市值/亿元	占比/%	持股账户数/万户	占比/%
自然人投资者	106456	24.48	4609.28	99.72
其中：10 万元以下	3921	0.90	2360.60	51.07
10 万～50 万元	12269	2.82	1390.15	30.08
50 万～100 万元	10051	2.31	415.11	8.98
100 万～300 万元	16728	3.85	312.41	6.76
300 万～1000 万元	15292	3.52	99.89	2.16
1000 万元以上	48195	11.08	31.12	0.67
一般法人	230971	53.11	5.07	0.11
沪股通	14251	3.28	0.00	0.00
专业机构	83228	19.14	7.76	0.17
其中：投资基金	31049	7.14	0.59	0.01

截至 2021 年年末，上海证券交易所的持股市值，自然人占比 24.48%，最大的是一般法人占比 53.11%，沪股通占比 3.28%，专业机构占比 19.14%，与美国、日本等成熟市场相比，专业机构持股市值占比偏低；持股账户数自然人投资者占了绝大多数，达到 99.72%；自然人投资者中，一半以上的投资者持股金额在 10 万元以下，而 1000 万元以上的投资者的持股账户数仅占 0.67%，但持股市值占比达 11.08%。

　　自然人投资者的交易金额长期占据全市场交易金额的80%以上，是最活跃的参与者，也是市场交易成本最大的承担者。2021年，证监会副主席李超在"中国这十年"系列主题新闻发布会上对中国股市过去10年的发展成果进行了介绍：10年来股票市场规模增长238.9%，股票市场投资者数量也超过2亿，5月末达到2.05亿，其中A股投资者数量达到2.04亿。中国股市投资者结构逐步优化，专业机构投资者力量持续壮大，截至2021年5月底，境内专业机构投资者和外资持有流通股市值占比达到了22.8%，比2016年提升了6.9个百分点。2021年个人投资者交易占比首次下降到70%以下，价值投资、长期投资、理性投资的理念逐步建立。

　　持股市值占比最大的是一般法人，2005—2006年的股权分置改革后，一般法人长期占据A股一半左右的流通股份额，市场共释放24.33万亿元的流通市值，2008—2010年解禁市值达到高峰。与此同时，A股市场上市公司在增发股票时，主要通过定向增发募集资金，企业是定向增发的主要配售方。定向增发成为产业资本进入资本市场的一条大通道，庞大的产业资本对股市的态度也在很大程度上影响A股的走势。由于A股市场波动性大，长期走势比较疲软，一般法人在IPO前和增发时取得的股份成本比市场价格低，因此在产业资本对市场信心不足的时候，其很容易成为股份减持的主角。事实上，A股每一次市场价格的大幅上涨都伴随着产业资本的巨额减持，从而对A股市场的走势形成长期的压制。

　　由于中国股市特有的一、二级市场的巨大差价，在一般法人择机减持的大背景下，专业机构若持股不足、对于市场的影响比较小，其行为很容易变得散户化。2000年10月，《财经》杂志刊登了一篇重磅文章《基金黑幕——关于基金行为的研究报告解析》，指出基金不仅没有起到稳定市场的作用，而且存在违法操作，如通过"对倒"和"倒仓"来制造虚假的成交量。

　　面对股市的持续下跌，2023年12月14日，中国证监会党委在传达学习贯彻中央经济工作会议精神时指出：要深入推进一流投资银行和投资机构建设，把促进投融资动态平衡放在更加突出位置，大力推进投资端改革，推动健全有利于中长期资金入市的政策环境，引导投资机构强化逆周期布局，壮大"耐心资本"。

2024 年 4 月 12 日,国务院出台《关于加强监管防范风险推动资本市场高质量发展的若干意见》(以下简称《意见》),《意见》共 9 个部分,是资本市场新"国九条"。这是继 2004 年、2014 年两个"国九条"之后,国务院时隔 10 年再次专门出台针对资本市场的指导性文件。与前两个"国九条"相比,新"国九条"的内容有自身特点:一是充分体现资本市场的政治性、人民性。强调要坚持和加强党对资本市场工作的全面领导,坚持以人民为中心的价值取向,更加有效保护投资者,特别是中小投资者合法权益。二是充分体现强监管、防风险、促高质量发展的主线。强调要坚持稳为基调,要强本强基、严监严管,以资本市场自身的高质量发展更好地服务经济社会高质量发展的大局。

在推动中长期资金入市方面,新"国九条"既强调大力发展权益类公募基金这个"基本盘",又着眼于营造引得进、留得住、发展得好的政策环境,推动保险资金、社保基金、养老金等长期资金入市分类作出部署。

三、同涨同跌与定价效率

自从 Roll(1988)提出股价同向波动概念以来,该问题就成为金融研究领域的一个重要课题。以往研究表明,不发达经济体股价同向波动率比发达经济体严重,市场规模和低收入经济体基本面都不能完全解释这种现象。同向波动概念提出之后,也成为一个测度市场有效性和股市质量的指标。

DeLong 等(1990)认为糟糕的产权保护为噪声交易者创造了空间。有效股票市场的功能是加工信息,并引导资本流向最佳经济用途。如果新兴经济体股票价格运动主要由产权领域的政治推动,或者受噪声交易影响,那么这些经济体股票市场也许不能有效地配置资本,并会妨碍经济增长。Morck 等(2000)的研究发现,新兴市场股价同向波动程度高的原因有 3 个:第一,公司基本面相关性程度高,导致股价波动趋于一致;第二,产权保护差,导致利用信息进行风险套利不再具有吸引力;第三,在一些国家,对公众投资者产权保护的状况日益恶化,阻碍公司信息进入股票价格。

陈志武(2015)认为,评判股市质量的核心标准应该包括两个方面:其一，投资者的契约权益、合法权益是否有可靠的保障和执行架构；其二，股市的信息环境是否足以让投资者辨别"好的"和"坏的"上市公司。陈志武用各股票间的同向波动率来测度股票市场的质量，也就是一段时间内同涨同跌的股票百分比，取其中比较大的值。如果市场的信息披露绝对透明可靠，而新信息的出现是随机的，股市的同向波动率应该接近50%。同向波动率越是远离50%趋向100%，股市质量就越差。陈志武统计了1991—2005年每周的同向波动率，发现均在80%以上，且相当一段时间在90%以上，说明2005年之前的中国股票市场的投资者，是很难区分好公司和坏公司的。而美国1929—2000年的数据表明，美国股票市场的同向波动率从75%左右持续下降到60%以下。一般而言，股票市场在发展过程中，是不断变得越来越有效的，也就是渐进有效的。从这个角度看，同向波动率也可以成为观察市场是否信息有效的指标。

四、量化交易的启示

西蒙斯基金会2024年5月10日宣布，基金会联合创始人兼名誉主席詹姆斯·哈里斯·西蒙斯（James Harris Simons）在纽约逝世，享年86岁。西蒙斯是一位屡获殊荣的数学家、量化投资领域的传奇人物，在40多岁时从学术界转向投资界。1982年，西蒙斯创立了文艺复兴科技公司（Renaissance Technologies），开创了量化交易的先河，并成为历史上最赚钱的投资公司之一，他也因此被称为"量化之王"。

1961年，23岁的西蒙斯获得博士学位，当年即被聘为哈佛大学数学系教授。两年后，西蒙斯进入美国国防部下属的国防逻辑分析协会从事代码破解工作。不久后，由于反对越战，他回归学术，成为纽约州立石溪大学数学系主任。

1974年，他与著名华裔数学家陈省身联合发表了论文《典型群和几何不变式》，创立了著名的陈-西蒙斯定理（Chern-Simons Theory）。该几何定律对理论物理学具有重要意义，被广泛应用到从超引力到黑洞的各大领域。

西蒙斯还与同在石溪大学的杨振宁跨界合作。当时，杨振宁已凭借"宇称不守恒"收获了诺贝尔奖,试图建立更大的规范场理论,但是在一些数学细节上碰到了难题。西蒙斯出手帮他扫清障碍,助其建立了现代物理的基石——杨-米尔斯理论。

可以说,在进入投资场之前,詹姆斯·西蒙斯已经在数学领域获得殿堂级的声誉。与巴菲特的价值投资、长期持有截然相反,西蒙斯创造了"壁虎式投资法"。壁虎式投资法是指在投资时进行短线方向性预测,依靠交易很多品种在短期内作出大量的交易来获利。用西蒙斯的话说,"交易要像壁虎一样,平时趴在墙上一动不动,蚊子一旦出现就迅速将其吃掉,然后恢复平静,等待下一个机会"。他将数学理论巧妙运用于股票投资实战中,投资策略主要有三:针对不同市场设计数量化的投资管理模型;以电脑运算为主导,排除人为因素干扰;在全球各种市场上进行短线交易。

1988 年,文艺复兴科技公司推出了自己旗下的第一个基金产品——大奖章基金。1988—2019 年,大奖章基金的年化收益率为 39%,这样的投资业绩迄今为止独步全球、无出其右者。与之相比,巴菲特 1965—2018 年的年均净值增长率为 21%、索罗斯旗下量子基金 1969—2000 年的年化收益率是 32%。2021 年 1 月 1 日,西蒙斯宣布退休,辞去文艺复兴科技董事会主席一职。随后专注于科学、教育等方面的慈善事业。西蒙斯成立了基金会每年为 1000 名纽约公立中学数学和科学教师发放 15000 美元的津贴,基金会捐资已经超过 10 亿美元。此外他还投入巨资,为孤独症的药物研究开发提供支持。

20 世纪 90 年代晚期,美国证券交易委员会引入市场改革,以提高市场效率,允许使用另类交易系统——标志着股市电子通信网络的诞生。新技术降低了交易成本,使得投资者逐渐脱离了对交易终端的依赖,并提供了从单一地点进入全球股票市场的路径,量化投资应运而生,并迅速发展。

量化交易通过数量化方式及计算机程序化发出买卖指令,以获取稳定收益为目的。这一行业聘请数学家、天体物理学家、机器人科学家这类专家,而不是传统的工商管理硕士和基础研究分析师。在过去十年内,量化交易基金一直处于业绩最佳的基金之列。电子交易技术诞生后不到十年,计算机成为最活跃的投资者。近年来,在美国以及伦敦证券交易所、德国证券交易所和东京证券交易所,甚至有超过三分之一的交易量是由量化交易贡献的。以共同基金为首的机构投资者,采取长期持有的策略,是上市公司持股排名的前列,却是每天在市场上交易的少数投资者。

量化交易通过建模来瞄准小额价格变动,其持有期可能从几周、几小时到几分钟,其业务依赖于股市的流动性和波动性。量化交易不是寻找长期投资机会,也不依赖于经济的繁荣和增长,其投资决策被包含在公式和方程式中,就像航空器的黑匣子一样,因此也有人称之为"黑盒交易"。

每一家公司的量化交易策略都不一样,其独特性不仅在于触发其交易决策的信号不同,还在于其投资目标和风险偏好的差异。比如,趋势跟踪(动量)策略试图量化市场中的拐点,通过在趋势起点处进行交易并在达到新价格水平的过程中获利。统计套利策略利用相关证券之间的价格异常,在价差增加(或减少)到与历史均值有显著差异时,买入一个证券并卖出另一个证券。比如,通过买入输家股票并卖出赢家股票,逆向投资者增加了对冷门股票的需求以及对热门股票的供给,从而稳定了股票的供需。市场中性策略通常交易数百种证券,管理多头股票和空头股票的投资组合,在众多不同领域和行业中分散风险。它根据资产负债表、风险因子、经济数据等,设计出多因素模型来对股票的价值进行排名。算法交易策略是管理交易指令执行的自动化策略,经过优化以最大限度减少对诸如成交量加权平均价或到达价格等行业基准的滑点。

自动化做市(auto market maker,AMM)是量化交易的最新形式,其充当买卖双方交易的中间人,类似于传统做市商的角色,通过短暂持有存货获取买卖价差,为市场提供持续的流动性。自动化做市商每天交易数百万个订单获得微薄的利润,而几乎不会持有头寸到第二天,因此也被称为高频交易者。高频交易者从市场流动性的浮动中取得利润,那么高频交易是一种投机形式还是一种创新的投资策略,它在创造市场的波动性还是在稳定市场,高频交易和短期投资者应该有怎样的市场地位和市场待遇,要不要监管以及如何监管等等,这些问题都有待理论和实践的进一步回答。相信在不同国家和不同时期,在一个市场的不同发展阶段,答案一定是不一样的。

尽管有效市场假说被广泛接受,但在实践中,价格异常仍然普遍存在。在一个有效市场内,新信息的到来是将股票价格从一个价格水平推向另个价格水平的催化剂，而新信息的到来是随机的，因此，价格波动也是随机的、不可预测的。但效率并不是立即出现的，投资者需要时间来获取新信息、理解新信息并据以开展新的交易。有效市场的核心是知情投资者驱动股票价格波动，是信息有效性的体现。大公司有更大的流动性，卖方研究倾向于大资本股票以赚取更多的佣金；小公司乏人问津，信息的效率低下是必然的。在现实中，甚至连尤金·法玛也认识到，在一天时间内非常有效的市场，每一笔交易、每一分钟的交易回报率也可能不是完全不可预测的。这样说，从长期的角度，市场可能是渐进有效的，也是信息有效的，但在短期、在小公司身上，价格的失衡有可能是一种常态。

量化交易基于不同的交易策略和时间期限，具有各自不同的特点。并且，由于流动性、市场结构、交易成本、波动性和监管框架的差异，它们在每个地区都有所不同。但是，它们也有一些显著区别于传统投资者的特点。

量化交易的特点之一是与计量经济学的联姻。计量经济学根据基本经济学理论构建实证模型，量化经济数据之间的统计意义，尤其是量化股票之间的相对价值。比如，会计数据的变化如何影响股票未来的表现，利率变化如何影响市场估值，税率如何影响消费者价格指数等。其中，量化市场中性策略将吸引传统投资者，它们要找的是出于经济原因的更长期的异常。量化市场中性策略不关心由动量、波动平均值、随机数等因素定义的市场低效率，而是瞄准有效市场价格的异常，这是由资本资产定价模型来定义的。使用市场中性策略，人们从风险、流动性和收益率等方面评估每个投资机会的相对价值，通过一只股票对冲另一只。因此，相对价值策略独立于市场方向。

量化交易的特点之二是对微观结构研究的重视。微观结构研究旨在理解市场结构（成本、市场机制、透明度、信息传播）中的不同之处是如何影响投资者达到价格估值均衡的方式的。近年来，由于数据源广泛可得，且数据挖掘技术快速进步，微观结构研究已经成为经济学中一个迅猛发展的领域。从某种程度上，量化交易可以看作微观结构研究的实践和应用。

量化交易的特点之三是优化和执行。量化交易运用优化方法达到一系列目标：在策略执行期间最小化交易成本，最小化数千只股票的风险集中程度,最小化与指数波动的相关性。数值方法是量化投资者最大化其交易利润的工具。实证也表明,一个市场的成本升高阻碍了短期投资,相应地减少了流动性供应。

传统投资者将自己看作公司的合伙人,与企业管理层一起达成长期的成长目标。量化交易一直是一个孤立的群体,除了出于保护自己有利的交易策略的原因,还有它们对基本面研究的态度——它们就是不想了解。量化交易旨在找到价格异常的模式,并实施捕捉短期低效率的策略而取得成功。量化分析师需要一个框架来解释什么是价格变化的正常范围、什么是偏离常态的价格异常。不同交易策略的共同的参考信号是波动率、买卖价差和交易量分布等市场微观结构指标。测量、管理和建模是量化投资行业的重要内容。量化交易不关心对市场或总体经济形势的长期看法,它们关心的是投资者之间如何互动,这种互动如何通过波动性、流动性、价差等股票交易指标显现出来。量化交易策略是金融市场的润滑剂,依靠买卖双方的互动获利。

量化交易显著改善了市场的流动性,其困境在于要持续识别、发掘并维持有利可图的交易机会,因为不足以覆盖交易成本的价格异常可能会变得越来越常见。当量化交易发现了成功的策略,它们必须尽可能长时间地为自己保护这些策略。每一项交易策略都会影响市场价格,并反过来影响另一项交易策略,交易策略的不稳定性是投资者竞争利润的副产品。学者和从业者一致认为,价格异常有消失的趋势,无论是由于类似量化交易的交易者试图利用它还是由于环境的动态变化。也许,量化交易并没有游离于有效市场假说之外,相反,它们是让市场有效的流动性提供者。市场的生态已经从一大群买入并持有的投资者演化为多样性的流动性提供者,市场生态的演变如何影响价格与价值的关系,只有时间能给出答案。就目前而言,最活跃的投资者是计算机。

2024 年 4 月 12 日,中国证监会发布《证券市场程序化交易管理规定(试行)(征求意见稿)》(以下简称《管理规定》),具有诸多亮点,包括对过度占用系统资源的高频交易收取更多费用,对可能损害其他投资者利益的异常程序化交易行为进行重点监控,将北向资金纳入程序化交易监管范畴等等。

中国证监会市场监管一司张望军司长表示，《管理规定》的特点可以概括为"四个突出"，即突出维护公平、突出全链条监管、突出监管重点、突出系统施策。这些措施的实施有可能会显著改变量化交易在中国市场的成本结构与制度环境，需要量化交易作出新的应对。

如果市场是完全的信息有效，那么就会失去信息的激励机制。低效率是对收集信息、理解信息、发现新信号以及构建以毫秒为单位执行的交易模型的补偿，从这个意义上，量化交易的兴起和未来的进一步演化是必然的。

第三节　股票市场的流动性与公司治理

一、伯克希尔系统与道德

巴菲特在 1956 年成立了一家有限合伙公司，1965 年，这家公司接管了伯克希尔·哈撒韦，一家日薄西山的上市纺织公司。巴菲特有限合伙公司不久就解散了，巴菲特把伯克希尔的股票分给了公司的合伙人，而查理·芒格正是他最大的合伙人。随后，巴菲特通过伯克希尔·哈撒韦这个新平台，开始在多个领域买入股票，包括保险业、制造业和零售业等。

尽管从合伙制转为了公司制，但巴菲特保留了伯克希尔的合伙人意识。这一点在伯克希尔的《股东手册》中有所体现。这本小册子共计 15 条，其中第一条是："虽然组织形式上是公司制，但我们以合伙人的态度来行事。"2015 年，芒格第一次提出了"伯克希尔系统"这个公司治理的概念，该系统与美国其他大型上市公司通行的做法可谓大相径庭。

巴菲特（2022）认为公司治理结构可以分为 3 种类型，每种类型对控股股东、董事会和公司经理扮演的角色都有不同的要求。第一种为有控股股东且控股股东也是公司经理，伯克希尔到目前为止一直都是这种模式；第二种为有控股股东但控股股东不是公司经理，巴菲特谢幕后的伯克希尔会是这种模式；第三种为没有控股股东，巴菲特离开后，如果他的继承人在未来几十年里把他所有的股份出售,那伯克希尔就会变成这种模式。

伯克希尔董事会的成员主要由巴菲特提名,包括他的妻子和好友,自1993年起,他的儿子也加入了董事会。董事会成员的任期和年龄也远远超过大部分上市公司。咨询委员会的成员则不定期会面,他们对公司几乎不承担什么监督职能。伯克希尔从未拟订过战略规划,伯克希尔的董事会通常每年召开两次,而不是像其他财富500强公司那样一年召开8~12次。

伯克希尔文化的浸淫让公司治理结构变得非常扁平化,它让董事们始终站在股东们的角度上考虑问题。但这种董事会并非完美无瑕,公司的绩效严重依赖于巴菲特和芒格等的卓越领导。巴菲特一直声称他和所有股东都是伯克希尔的合伙人,这意味着他要对公司的其他所有人承担更多的诚信义务,就好像伯克希尔还是合伙制企业一样。

伯克希尔公司的大部分股票都是由个人和家族持有,股东通常会长期持有公司的股票。伯克希尔股票每年的换手率只有2%左右,也就是说,从年初到年末,每年有98%的股份都是由同一批股东持有的,换手率非常低。巴菲特希望伯克希尔公司的投资者作为股东,不是拿着一堆价格每天波动的纸,一旦外部环境风吹草动就先想到卖出股票,而是愿意像拥有农场或者公寓一样,和家人一同持有,直到永远。

巴菲特曾经说,"查理家族有90%或更多的净财产投资于伯克希尔股票,我的妻子苏珊和我持有99%以上。此外,我的许多亲戚,例如,我的姐妹和表姐妹都将他们净财产的很大一部分放在伯克希尔股票上"。

伯克希尔除了在1969年发放过很少的红利外,再也没有给股东们分过红,伯克希尔曾在1984年做过一次股东调查(2014年又做过一次),调查的结果高度一致:90%以上的股东拥护公司的分红政策。但为了满足股东的流动性需求,伯克希尔在1996年推出了二级股票体系,其中的B股只有部分投票权和经济权益,当时的交易价格大约为1000美元。A股可以转化为价格相对低廉的B股,而且还无须缴税。

即使交易所关门了也愿意持有某只股票,这正是巴菲特和芒格投资理念的真实写照;长期来看,一家公司商业价值的增长并不取决于短期的股价,而是取决于公司长期内在价值的提升。尽管如此,流动性对伯克希尔的投资来说还是一个相对温和的加分项。巴菲特认为，如果流动性成了伯克希尔股东很大的加分项，那他们肯定不适合做伯克希尔的股东。

把分散的股东聚集到一起始终是个问题，因为他们的目的和做事方式千差万别。对于大多数机构投资者来说，尤其是指数基金类的投资者，投入大量的时间和研究去找出问题然后解决问题是得不偿失的，因此，他们宁愿作为消极的机构投资者，很少介入公司的治理。指数资金的投资者默认公司治理状况良好并接受公司的治理状况。

伯克希尔系统可以说是一个特例，它建立在控股股东（同时也是经理人，包括巴菲特和芒格）对财富的追求中，始终坚持做到价值与品德相辅相成。他们的成功，不仅仅在于投资的精准，更在于道德的坚守。2023年11月28日，享年99岁的芒格去世，巴菲特发文悼念："芒格为人正直，他崇尚保持理性的道德义务，并坚信这比其他任何事情都更重要——比富有更重要。"其实，巴菲特也是如此。芒格认为，伯克希尔在过去几十年里很少发生什么诉讼或者丑闻，是因为他和巴菲特认为，"有些事情就算你能做，而且做了不会受到法律的制裁，或者不会造成损失，你也不应该去做。你应该有一条底线。你心里应该有个指南针。所以有很多事情你不会去做，即使它们完全是合法的。这就是我们试图做到的经营方式。"（彼得·考夫曼，2010）伯克希尔系统应该只是非常特殊的个案，并不是有效的公司治理的常态。

二、公司治理的法律基础

社会制度尤其是法律制度与经济主体行为之间的互动是市场演进的基础，法律制度是公司基本的行为规则，而经济主体的行为也在呼唤法律制度的与时俱进。在中国，公司是指依法成立、以营利为目的的企业法人。其特点如下：（1）公司是依法登记成立的经济组织，中国实行强制登记制度。（2）公司具有独立的法人资格。公司设立后，就与股东的人格相分离，成为一个完全独立的实体；公司以自己的名义从事商事经营活动，对外独立承担民事法律责任。公司对外承担法律责任的基础是具有自己独立的财产。（3）公司是以营利为目的的企业组织。企业有3种基本组织形式，即独资企业形式、合伙企业形式和公司企业形式。其中公司是企业诸形式中最为重要的组织形式。公司必须从事特定的经营活动,这种经营活动具有连续性和固定性等特征。(4)公司是法人,其实质条件有二:一是公司财产独立于股东个人;二是公司的责任独立于股东个人。法人性特征是公司区别于合伙企业的主要特征。(5)公司一般是由两个以上股东组成的社团。

(一)普通法与中小股东权利保护

财产的法律概念就是一组权力。这些权力描述一个人对其所有的资源可以做些什么,不可以做些什么:他可能占有、使用、改变、馈赠、转让或阻止他人侵犯其财产的范围。这些权力并不是永远不变的,但是在任何时点上,它们构成了财产法的 4 个基本问题的答案,也就是:私人可以拥有什么财产,所有权是怎样建立起来的,所有者如何合理合法地处置其财产,所有者如何保护产权以及如何赔偿对产权的侵犯。构成财产的这一组权力,在不同的国家、地区以及不同的时期,其组合是不一样的。

法律制度描绘的是财产的权力组合的理想状态,事实上,在世界范围内,控制股东对中小股东和债权人的掠夺广泛存在。公司治理在很大程度上是外部投资者保护其利益免受内部人(控制股东和管理人)侵害的一套机制。法律制度与执行是公司治理有效的核心机制,也会导致不同国家融资的差异。但是,在一些转轨经济国家中,执行机制与法律体系可能并不是匹配的。

LaPorta 等(1997,1998)利用一个跨国数据库,证明一国实体法所规定的对股东或证券持有者的保护程度与其资本市场的流动性和发展深度有重要关系:发展程度高、流动性好、股权分散的资本市场通常对中小股东权利的法律保护也最好。相对于成文法,普通法系由于更依赖于以往的判例和基本原则,从而能够在新环境下运用"嗅诊法"(smell test)更好地作出判断,能够适应环境和条件的变化。大陆法系则被认为是过度管制,阻碍了所有权与控制权的分离,进而影响了证券市场的发展。

当然,法官是不是天然地倾向于保护外部投资者而不是内部投资者?这种倾向有可能取决于各个国家和地区政治和历史因素对法律变迁的影响。法律起源与投资者保护的关系更可能是金融市场实践的结果,而不是原因。相比普通法系国家,国家扮演商业监管的角色在成文法系国家更为普遍,从而导致国家对经济活动的干预更多、对投资者的保护更弱。德国的股票市场参与度远不及其他国家,大多数企业家选择将公司私有化,而非上市。德国经济学家阿尔马克由此提出了"社会市场经济"的概念。德国战后经济的发展也顺应这一逻辑:一方面,让市场来配置资源、发展经济、创造财富;另一方面,在经济成果的分配上兼顾资本和劳工,体现社会公平。在企业组织上,社会市场经济强调劳工与资本的平衡,工会代表进入董事会,工会参与企业的管理(约翰·肯普夫纳,2023)。

日本在学习西方的过程中,引进和移植了西方的法律制度,包括从法国体系到德国体系再到美国体系。移植国家的法律演进轨迹有可能与起源国完全不同,因此一个国家法律制度的移植过程有可能比来源更加重要。法律制度是在新的环境和新的情况下,被移植国或主动或被动选择的结果。日本公司崇尚"利益相关者至上"的理念,也称为银行导向型公司治理模式。在这种模式下,法人、商业银行是公司的大股东。这种治理模式强调企业的长期发展和战略,而不是满足股东的短期利益目标。

投资者保护一般涉及以下三个领域的问题:

一是所有权与控制权的配置。在投资者保护较弱的国家,所有权更加集中(Zingales,1995;LaPorta et al.,1999);当投资者保护较差时,分散股权在几个大投资者身上可以形成制衡机制,限制大股东侵占。总之,法律环境影响了控制权的私有价值,从而决定了所有权结构的平衡。强调诚信义务,强烈反对不公平关联交易的观念,揭露关联交易的信息披露,重视能干的法院或其他执行机构等,可以降低控制权带来的私人利益。

二是金融市场发展。投资者保护促进了金融市场的发展,LaPorta 等(1997)发现,投资者保护越好的国家,股票市场价值越高,上市公司数量越多。

三是实际资源的配置。Beck 等(2000)认为,金融发展可以通过三种方式促进经济增长:首先是增加储蓄;其次是提供储蓄向实体投资的渠道和促进资本积累;金融市场允许资本流向高生产率者,从而提高资本配置效率。

LaPorta 等(2000)认为,公司治理改革的唯一目标是保护外部投资者的权利;改革的方法是实现法律的趋同,包括法律规则和执行机制向成功标准的趋同。公司治理改革可能会遭到政治反对:政府通常不愿意引进新的法律以放弃目前对大公司进行监管的权力;家族企业也可能因为新的法律损害了掠夺机会而反对;大公司的内部人也会反对改革,因为不完善的公司治理给内部人提供了安全的融资、政治保护和市场保护。公司治理改革的三条原则是:法律规则要有效,法律规则能够执行,加强政府监管。

然而,经理人代理成本有两种,其中一种可以被公司法控制,即通过人为操纵把公司价值转移给控股股东和经理人,或者说偷窃。但另一种代理成本——"懈怠",或者说追求股东价值最大化以外的目标,也即经理人的不当管理,则基本上不为公司法所关注。公司法降低代理成本的能力有限。要想促进现代经济中的所有权分离,外部股东需要一些有利于股东的制度:透明的证券市场,令股东和经理人利益一致的薪酬体系,周期性更换经理人或其他控制经理人的制度,股东本位主义等。有些国家或地区一向敌视有利于股东的制度,它们有可能鼓励经理人进行扩张、放慢裁员速度、给雇员更多对抗企业的权利等。甚至在有些国家,所有者和利益相关者通过权力集中、成为国家政治主角来保护自身,因为这涉及经济"大饼"怎么分配。

高质量的保护性公司法对社会来说是一种好制度,它降低了建设强大的商业企业的成本,可以防止或最小化控制股东转移公司资产的行为,一些最小化此类行为的制度也是稳固所有权分离的必要条件。保护性公司法或者其替代品,如信誉良好的中介、证券交易所规则,降低了所有权分离的成本。

如果所有权和控制权分离,可能出现很高的经理人代理成本,较弱的产品市场竞争、对经理人的较强政治压力会令股东处于不利地位。即使公司法把控股股东的私人利益压制到零,只要经理人代理成本足够高,股权集中就会持续。西方富裕国家公司法的质量不能完全解释股权为何集中以及何时存续,因为公司法并没有直接限制经理人挥霍股东的价值,从而有效缩减经理人代理成本。相反,政治变量能很好地预测所有权分离,它们在预测西方富裕国家的所有权分离程度时甚至胜过了公司法的质量。

（二）公司为什么要上市

上市公司是股份有限公司的一种类型，上市公司的股票可以在证券交易所上市交易。在中国，股份有限公司的股票可以在境内或境外上市，或者在两地或多地同时上市。

一般认为，对公司而言，公开上市为公司的持续发展提供了稳定和长期的融资渠道，且可以提升股票的价值，公司估值在公开上市前后可能有巨大的差异，这也是创业投资、私募股权投资等可以通过公司股票公开上市来进行投资退出的最重要渠道。对公司创始人而言，公开上市带来的利益是最大的。当然对于任何一个初始的投资者、管理层及员工也是一样的，公司股票的公开上市使他们持有的股票可以在市场上自由地买卖，使他们可以有机会调整自己的资产组合，收获财富的增值。在上市公司中，股票期权等激励措施对员工有比较大的吸引力，且随着公司规模的扩大，员工的薪水也可能水涨船高。上述的种种好处只有通过证券交易所才能变成现实。一家公司上市之后，通过两条途径为其股东带来财富：一是红利的分配，二是股票价格的上升。

当然，公开上市也有它的不足之处，负面效应可以概括为三个方面：

一是信息披露或者更广泛意义上的责任和义务。一个公众公司，股票价格每天在波动且经营情况事关社区、消费者、供应商、销售商、员工、债权人等，涉及很多人的利益变化，需要承担法定的信息披露义务。同时对于与公司有关的热点问题，还要及时为媒体、投资者和市场等答疑解惑。

二是控制或失去控制。大多数公司将自己的经营情况、财务情况视为商业机密，而一旦公开上市，就必须披露相关的信息，这被认为要付出相应的代价；同时，上市带来的股权稀释，以及通过证券市场更容易获得公司的大多数股权，使得原来的控制股东有可能失去控制权，在这个过程中，上市时机的选择就非常重要，当市场是"热市"时，股票定价更高，筹集同样的发展资金只需要对外发行更少的股份。因此，对于控制股东而言，需要权衡获得增量发展资金与可能失去控制权的利弊。

三是费用支出。在公司公开上市的过程中，需要支付各个阶段的相关费用，包括会计师事务所、律师事务所和券商等中介机构所必需的服务费用,以及对公司内外部事务在符合上市要求过程中付出的整改费用,比如,为加强内控而采取的业务流程、岗位等调整和人员的聘用等费用,以及为取得相应的资产证明等需要支付的费用,甚至还可能涉及账务调整带来的税收支出等等。

上市是企业在生命周期的特定时点改变其财务和所有权结构的重要方式,通常认为,上市是公司成长过程中的一个阶段,但不是必经的阶段。美国有发达的资本市场,也有许多大公司没有上市:在德国和意大利等国,上市公司更是少数。因此,要不要上市是公司的一种主动选择。

Pagano 等(1998)使用 1982—1992 年意大利公司的数据检验上市的决定因素,结果表明:公司规模是上市的一个重要决定因素,反映了公司融资需求的两个变量,即投资与增长,增加了上市的可能性;公司上市后获利能力下降,可能是企业选择在获利能力异常高的时候发行股票,或者在上市前粉饰报表,同时,上市带来的更高的会计透明度阻止了公司的避税行为,这也是上市的一种成本;上市会降低借贷成本;控股股东似乎没有通过上市分散他们的持股。作者提出了一个有待研究的问题:为什么欧洲国家的股票市场主要满足大的、成熟的、不需要为投资筹集资金的公司,而美国却相反?

美国的资本市场一向被认为是世界上最完善的资本市场,是许多国家学习的对象。但美国的公司制度和公司治理方式,至少存在两个方面的问题:

一是公司的资金主要靠公开发行股票来筹集。因此,上市公司的股份整体上十分分散,一些个人、家族或基金即便成为大股东,拥有的股份比例也不多,管理公司的权力掌握在作为受托方的管理层,特别是高级经理如董事长、首席执行官、执行董事、首席财务官等的手里。

二是经理层在经营管理中拥有很大的决策权。按照美国流行的公司治理做法,对经理层会实行激励制度,通过授予股票期权等方式让他们也享有如同股东一样的剩余索取权,这就有可能导致经理层在经营决策上过度重视短期利益而牺牲公司的长远发展,比如减少研发支出、减少折旧等,甚至有可能通过粉饰财务报表来支撑和哄抬短期的股票价格,以便在股票期权行权时牟取暴利。这些急功近利的做法,有可能损害公司的长远价值。

IPO 比较热的时候,一般也是整个二级市场行情比较火爆的时候,只要创业公司最终可以以高价出售，创业者便会不断去创办他们明知道永远不会赚钱的公司，这是一种典型的负向激励。在中国推行注册制的过程中，投资者对于一些公司没有基本面支持的 IPO 定价高企也有类似的疑问：在一级市场供不应求的背景下，尤其是各类基金（包括公募和私募基金）慷投资者之慨，高价申购，把风险留给投资者，去博取 IPO 炒作的收益；更有甚者，这种申购是为了维护基金管理公司大股东（一般是券商）的利益，保证其发行的股票可以高定价、高收费，可以顺利帮助公司上市发行股票，捞取一级市场份额、市场声誉和发行收益，损害的是基金投资者的利益。据统计，以 2022 年为例，上交所、深交所和北交所合计上市 428 家公司，破发 122 家，占比 28.5％。其中，沪深主板、科创板、创业板和北交所的破发率分别为 1.41％、39.52％、20％和 50.60％。

（三）美国的公司治理变迁

一般而言，特定的公司治理模式是在特定的约束条件下，公司诸多当事人共同博弈的结果，很难断定某种治理模式的优劣。这个约束条件包括各个国家不同的法律制度、监管政策、媒体监督、行业的自律监管和市场参与者的市场约束等等，对于每一个国家和地区的公司治理来说，均有不同的侧重和组合。相对稳定的公司治理模式具有明显的路径依赖特征，但借鉴与学习才能为我们的问题找到有效的解决方案。与此同时，随着制度、信息、技术等环境条件的变化，现有的成熟和有效的公司治理也会面临新的问题。

19 世纪下半叶，新技术广泛应用，激烈的竞争使得企业要求扩大生产规模，需要吸引大量的资金投入。美国各州通过了简化公司组建过程的法案，企业纷纷采取股份公司的形式以期在竞争中取胜。美国虽然不是实现股份制最早的国家，但是后来居上，股份公司的经济实力在美国经济中占有绝对优势。从业主制、合伙制过渡到股份制，同时从家族统治过渡到两权分离，形成经理阶层。这是资本主义生产关系的重大调整，极大地促进了生产力的发展，这也是美国在 19 世纪末能够迅速赶超英国、德国的重要原因之一。

美国企业在实行股份制后致力于公司内部的专业化分工，建立各种职能机构，任用专门人才，这就是一般狭义的公司治理：中层经理通过按职能划分的各部门监督下层经理的活动，最高管理层由董事会及高级经理们组成。董事会所属各委员会以及首席执行官监督各部门的工作,规定企业的政策。创始人和他们的家族通常在董事会发挥作用。

随着经济的发展,特别是随着证券市场的发展,美国股份制公司的权力结构进一步发生了质的变化。公司通过向成千上万的个人投资者出售股票和债券来筹措资金,投资者由此日益分散并远离了公司的经营管理,甚至连大型的银行和其他金融机构在公司董事会的影响力也开始下降。经营者的权力越来越大,形成"强经营者、弱股东"的组合,所有者对经营者(尤其是作为控制股东的经营者)的权力失控问题日趋明显。

1919 年,密歇根州最高法院在道奇对福特公司的诉讼中所作出的判决,成为公司治理发展历程中的重要事件。福特汽车公司成立于 1903 年,亨利·福特持有 58% 的股份,控制着董事会,道奇兄弟持有 10% 的股份,另外有五名股东持有剩下的 32% 股份。从 1908 年开始,福特汽车每年支付固定的分红 120 万美元,从 1911 年开始到 1915 年 10 月期间,福特汽车还派发特别分红,累计 4100 万元。但是在截至 1916 年 7 月 31 日的财政年度终结后,福特宣布公司不再派发任何特别分红。此时公司有 1.12 亿美元的盈余,包括 5250 万美元的现金和 130 万美元的市政债券。福特解释其不支付特别分红的原因是:福特公司赚了太多的钱,有太高的利润,福特计划降低汽车的售价(从每辆 440 美元降低到 360 美元),但仍保持原来的质量,以此帮助尽可能多的人创造美好生活。

道奇兄弟不满福特的决定,向法院提起了诉讼,要求判令福特公司支付相当于现金盈余 75% 的特别红利。福特抗辩的理由是,他认为公司不是为了商业利益而是为了慈善而设立的。一审法院判决福特公司应该支付1930 万美元的特别分红。该案上诉到密歇根高等法院,高等法院支持了一审判决,并发表了如下意见:公司的主要目的是为股东创造利润,公司董事在行使其权力时,亦应服务于该目的。董事在行使判断时,应选择实现前述目的的方式,而不能过分到改变这一根本目的。董事不能为了其他的目的选择减少利润或者不向股东分红。

虽然在当时要想完全做到确保股东的利益有一定的难度,但尊重股东的利益已经成为普遍接受的法律观点。20 世纪 30 年代前后,美国关于证券市场、银行、保险公司和投资公司的一系列立法进一步推动股票所有权的分散。比如，1933年的《格拉斯-斯蒂格尔法》将投资银行业务和商业银行业务严格地划分开，保证商业银行避免证券业的风险。该法案禁止银行包销和经营公司证券，而只能购买由美联储批准的债券。美国的《1940年投资公司法》(Investment Company Act of 1940)则要求互助基金所持有的股票必须分散化。

20世纪40年代以后，随着养老基金和共同基金的快速发展，它们持有的股票份额增长很快，尽管单个机构很少拥有超过某个公司1％的股票，但作为机构投资者整体，他们拥有超过50％的份额。

在二战刚刚结束的那些年里，随着美国成为世界最大的经济体，并在战后经历了长期的经济繁荣，成功的公司快速发展，股东们随之获得了利润。在此期间，公司的治理问题并未受到高度重视。当时的共识是依赖公司获得就业、商品、服务和投资回报的人信任公司管理层，公司的董事会则被希望与管理层共同掌权并支持管理层。股东，除了关心分红和股价，对公司所有的事务都漠不关心。随着IBM、通用汽车、通用电气、西尔斯、美国钢铁和美国铝业公司等成功公司家喻户晓，而且成为世界范围内管理型资本主义的雏形，管理层导向模式的公司被证明是优秀的。不过，天空中飘来越来越大的乌云：管理层越来越不关注股东回报，管理层把公司规模作为他们所行使权力大小的一个粗略指标，管理层自身的薪酬则与公司规模密切相关，因此管理层热衷于通过收购来壮大公司，并且通常在不同的经济部门进行收购，而这样的收购对股东来说通常不是好消息。

到了20世纪80年代，公司控制权市场空前活跃。事实上，公司控制权市场正是为了弥补其他因素如董事会、经理市场、产品市场、贷款人等在公司治理中的缺位，敌意接管、杠杆收购、公司重组等活动成为公司治理的有效的、重要的方法。然而，大规模的并购浪潮也导致争夺公司控制权的斗争日益激烈，双方都不择手段，极大地增加了接管的成本，也严重干扰了公司的正常经营，导致经理人无所适从。市场的外部压力，使得经理人设计了各种方案来对付敌意接管和杠杆收购，如"毒丸计划""白衣骑士""金降落伞""绿色邮包""焦土政策"等。他们还通过院外活动游说各州立法机构限制敌意接管。到了 20 世纪 90 年代初,美国的敌意接管案件几乎绝迹。在这种背景下,管理层的行为马上向自我利益最大化的方向靠拢,典型的表现是争相提高自己的薪金。

1977 年,纽约证券交易所修改其上市规则,要求所有上市公司设立由独立董事组成的审计委员会。1993 年,美国国会批准了管理层的薪酬应由独立董事来决定,规定薪酬委员会全部由外部董事构成。传统上,如果对管理层不满意,不管是机构投资者还是个人投资者,都是采取"用脚投票"的方式来摆脱困境。但是到了 20 世纪八九十年代,美国上市公司中家庭和国内机构投资者持股分别从 1965 年的 84% 和 14%,变成 1985 年的 49% 和 45%,机构投资者开始改变被动离开的方式,代之以挑战管理层对股东价值的创造,比如"反收购倡议"。机构投资者还迫使公司改革薪酬体制,将传统的"依规模支付"变成依绩效支付,并大幅增加以股权为基础的薪酬。

在 20 世纪 90 年代即将结束时,公司治理方面的发展趋势是积极的。董事会得到了加强,管理层的薪酬进行了重构,更多地与绩效挂钩,股东似乎也随时准备站出来维护自己的利益。此外,由于公司治理改革与美国经济的强劲发展同时进行,意识形态和市场力量促使其他地方的公司也开始朝着美国式的股东导向型公司治理模式转变。

养老基金和共同基金一般都不愿意涉足"攻击性"股东行动主义,但对冲基金在 2000 年左右开始采取行动,将表现不佳的公司作为目标。其典型的策略是:秘密获得目标公司的相当规模的股权并鼓动其进行改革,常见的要求是管理层以股票回购或一次性分配股息的方式向股东支付现金,卖掉孱弱的分支机构甚至公司本身。批评者认为,对冲基金是过度活跃的交易者,他们倾向于迫使目标公司的管理层采取在短期内提高股价但长期可能会损害公司的行动。支持者则认为,对冲基金的攻击性股东行动,构成了对现有公司治理机制的有效补充。

当股东非常分散、没有控制权时,股东的行为基础只能局限在"自益权",自益权的各种表现形式(现金红利、配送股、交易收益等)构成了分散股东行动策略的选择集。甚至连机构投资者也没有耐心,它们的行为更像是一个"短暂的所有者",它们买进卖出公司股票,从中赚取每笔交易的差价,这种股权的高度流动性带来的问题是股东对公司长期利益的忽视和对管理层不当行为的听之任之，消极的态度有可能最终会损害公司的价值。

当然，内部人控制也不是没有限制的，它受到市场力量的平衡和缓冲。这股力量主要有经理人市场和资本市场，资本市场的作用主要是通过公司控制权的争夺和证券市场的信息披露途径加以实现。有效市场认为，如果经理人不能很好地发挥作用，这个信息反映到股价上，就会引发股价下跌，从而吸引买者接管公司来矫正经理人滥用权力的行为。

2002年《萨班斯-奥克斯利法案》的颁布是对安然、世通和其他形形色色的上市公司丑闻的回应，它加强了独立董事在董事会中的地位，为了对抗管理层薪酬计划带来的操纵利润的动机，进行了会计和审计改革。它有助于保护投资者免受财务虚假行为的侵害。不过，该法无力保护投资者免受经营失败。法律体系使管理层拥有广泛的经营自主权，即使他们诚实地作出了糟糕的决策。

自1978年以来，"商业圆桌会议"（Business Roundtable）定期发布有关公司治理原则的声明。1997年起，该组织发布的每份声明文件都赞同"股东至上"的原则，凸显公司的首要任务就是让股东受益，并实现利润的最大化。2019年8月19日，181家美国顶级公司首席执行官在华盛顿召开的"商业圆桌会议"上联合签署了《公司宗旨宣言书》，重新定义了公司运营的宗旨，宣称：股东利益不再是一个公司最重要的目标，公司的首要任务是创造一个更美好的社会。公司存在的意义在于为顾客、雇员、供应商、社区和股东创造价值。西方的主流媒体在之后的讨论中认为：股东资本主义已死，利益相关方资本主义当立。

三、中国上市公司治理与绿色治理

中国股票市场发展的基本动因之一，是为国有企业建立新的融资约束机制，在产权明晰和多元化的基础上，对国有企业进行深层次的改革和治理机制的重构。上海证券交易所研究中心的《中国公司治理报告（2005）：民营上市公司治理》研究了民营上市公司的治理，结果表明，国内民营上市公司营利能力和公司治理状况总体上比非民营上市公司差。从内部治理机制看,民营上市公司的家族控制、关键人控制现象十分明显,所有权与控制权的偏离更加显著,大股东侵害小股东利益的情况也屡见不鲜,而且,从信息披露角度看,民营上市公司信息披露违规情况总体上也比非民营上市公司严重。在营利指标方面,民营上市公司的营利能力也大大低于非民营上市公司。

在股权分置改革基本完成的背景下,上海证券交易所研究中心的《中国公司治理报告(2006):国有控股上市公司治理》在对300余家上市公司实地调查和问卷调查的基础上,对沪市国有控股上市公司的治理进行了研究,结果表明:

第一,在聘选、激励和监督这3个公司治理的关键环节上,政企不分的现象依然较为严重,董事会运作的独立性和有效性明显不足。

第二,国有控股股东与上市公司之间往往存在掏空(tunneling)与支持(propping)两种关系。由于历史的原因,大部分国有上市企业都采取了剥离非核心资产的改制上市模式,导致部分国有控股股东通过违规担保、占用上市公司资金等关联交易手段掏空上市公司。同时,在上市公司财务状况恶化时,国有控股股东和地方政府常常反过来以各种形式向上市公司输送利益。

第三,不同的国有控股股东所控股的上市公司具有不同的行业特性、市场地位和经营绩效,具有不同的控股股东和上市公司之间的经济关系和代理监督行为,从而导致存在明显差异的公司治理效果。总体而言,中央部委和地方政府部门控股型和中央直属国企控股型公司的治理水平和经营绩效都要优于地方所属国企控股型上市公司和自然人控股型上市公司。在后一类上市公司中,代理问题和控股股东的不当行为更加严重。

《中国公司治理报告(2007):利益相关者与公司社会责任》则指出,由于中国正处于经济和社会转轨的特殊时期,公司治理机制有待进一步完善,公司社会责任意识和观念有待进一步培育,具体可归纳为以下5点:

第一,上市公司损害中小投资者权益的行为仍时有发生。例如,通过关联交易向大股东进行利益输送,或者进行选择性披露和不公平披露,造成中小投资者与大股东之间、公司与社会公众投资者之间的信息严重不对称。

第二，企业在生产经营活动中较少考虑职工的切身权益，员工在企业发展和运作中的参与、监督和分享权并没有得到有效保障。

第三，债权人利益保护不足。企业破产申请需经主管当局审批，债权人往往成为破产程序中事实上的局外人。尤其是在地方政府保护下，破产欺诈难以得到纠正和追究，严重限制了银行对无偿债能力的债务人的影响。

第四，上市公司环境意识淡漠，上市公司环境治理的支出水平比较低，涉及上市公司的重大环境污染事件时有发生。

第五，多数上市公司的公益责任尚不强，尤其是在慈善捐款方面，部分上市公司表现冷淡。

2008年的报告则对信息披露和透明度进行了研究，2009年的报告阐述了中国上市公司在控制权市场与公司治理方面的一些现状和发展。

亚洲公司治理协会于1999年在香港成立，是一家独立的、非营利会员制组织，致力于通过研究、倡议和教育促进亚洲公司治理的长期、实质性提高。亚洲公司治理协会的会员包括全球范围内的110多家行业领先公司，其中包括投资机构、养老基金、上市公司、金融中介机构以及专业事务所。所有会员在全球管理的资产总值超过40万亿美元。

2018年7月，亚洲公司治理协会发布了首份中国公司治理报告《治理在觉醒：中国公司治理进化史》。报告描述了中国公司治理的发展现状和历史沿革，研究了"中国特色公司治理"，分章节探讨了党组织、董事会、监事会、独立董事和审计委员会在公司治理中的作用，以及各自面临的挑战。此外，还分析了国有企业与私营企业之间的异同：在公司治理问题上，私营企业与国有企业的差别并不像外界以为的那样明显。

2021年5月20日，亚洲公司治理协会发布第10版双年度《公司治理观察》报告，分析亚太地区环境、社会和治理（ESG）表现。此次报告以"未来可期"为主题，探索不同市场的ESG表现与实践。报告对12个亚太地区市场的公司治理水平进行了排名，蝉联榜首的是澳大利亚，并列第2名的是中国香港和新加坡，中国内地排名第10位（仅高于菲律宾、印度尼西亚），与2018年度排位未发生变化。报告指出，中国内地"正构筑独特的管制路径，仍待

ESG 信息披露规则出炉"。

　　报告强调的中国内地 2020 公司治理看点：新的科技板块和 IPO 注册制在政治上取得了成功，但这是否以投资者保护和良好的公司治理为代价呢；金融监管机构在提高执法效率方面取得了长足进步，但公司治理规则改变的影响有限；2019 年修订的《中华人民共和国证券法》（简称《证券法》）生效；ESG 信息披露指引仍悬而未决；国企改革取得了一些进展，但尚未反映在企业绩效上；新的投资者服务中心为集体诉讼提供了便利，并为散户股东赢得了财务救济；媒体对市场行为具有强大的影响力。

　　报告对未来中国公司治理的期待包括：（1）应避免事项（what to avoid）——降级观察清单，包括可能在 2022 年公司治理观察中导致得分下降的因素：政府在改善公司治理方面缺乏清晰的方向，国有资产所有者在投资者关系管理方面未发生引领作用，在实践中违反规则的代价没有显著增加，修订后的公司法允许双重股权架构，仍未发布上市公司 ESG 披露指引，上市公司非审计工作仍不需强制披露。（2）应完善的内容（what to fix）——尽快完善清单，包括提升对双重股权架构上市公司投资者的保护措施；监管机构延长征求意见期限，并提供英文文本；证券交易所应每年披露其预算；发布上市公司 ESG 信息披露指引；上市公司披露非审计工作的性质和相关费用。

　　公司治理评价系统的建立，可以对上市公司治理状况进行全面、系统、及时的跟踪，定期将评价的结果公布，弥补了中国企业外部环境约束较弱的缺陷。由公司治理评价而产生的信誉约束，将促使公司不断改善治理状况，降低公司治理风险，有利于证券市场质量的提高，并且强化信用。

　　ESG 投资，是指在投资实践中融入 ESG 理念，在基于传统财务分析的基础上，通过环境 E（environmental）、社会 S（social）、治理 G（governance）三个维度考察企业中长期发展潜力，希望找到既创造股东价值又创造社会价值、具有可持续成长能力的投资标的。ESG 投资，代表着负责任的投资活动。也许单靠 ESG 投资并不能马上解决环境、社会和治理的诸多问题，但它已日渐成为推动世界变得更加美好的一股积极的、向善的力量。

　　南开大学中国公司治理研究院在 2023 年 9 月举行的第十二届公司治理国际研讨会上发布了 2023 年中国上市公司治理指数和 2023 年中国上市

公司绿色治理（ESG）指数报告。报告显示，2023年中国上市公司治理水平稳步攀升，绿色治理（ESG）指数呈逐年上升趋势。报告建议以绿色治理全面升级公司治理。

2023年中国上市公司治理指数评价样本有5055家，其中主板非金融上市公司有3039家、创业板非金融有1228家、科创板有499家、北交所有162家、金融业有127家。治理评价结果显示，中国上市公司治理水平稳步攀升，但增幅放缓；不同行业上市公司治理水平差异显著；民营控股上市公司治理指数再次领先国有控股上市公司，无实际控制人上市公司治理水平相对较高；沿海向内地依次提升趋势持续，地区间治理水平不平衡性减弱；板块的上市条件、上市公司的规模与行业等因素共同影响着各板块治理水平；股东治理、经理层治理、信息披露和利益相关者治理指数有所上升，董事会治理、监事会治理指数略有下降。

报告建议：持续深化公司治理改革；强化对实际控制人的约束机制；以独董制度改革为抓手，破解董事会治理的瓶颈；强化金融机构关联交易监控，防范金融机构治理风险；制定数字治理规则，防范人工智能私利；推进绿色治理（ESG）理念到规则的落地，以绿色治理全面升级公司治理。

2023年中国上市公司绿色治理（ESG）指数的有效评价样本有1738家。评价结果显示，绿色治理指数呈逐年上升趋势，仍有较大的提升空间。绿色治理责任维度最高，绿色治理效能维度次高，而绿色治理架构和绿色治理机制维度相对较低，各维度与2022年相比均有不同程度的提升。国有控股上市公司的绿色治理表现持续领先民营控股上市公司，在绿色组织与运行、绿色投融资、绿色节能和绿色信息披露等方面优势明显。

报告建议，升级信息披露要求，搭建以绿色治理为主的"第四张报表"；完善绿色治理机制，加强绿色激励与约束；形成绿色治理价值共创机制，助力中国特色估值体系建设；推动第三方机构参与绿色治理；发挥国有企业绿色治理的"溢出效应"，完善基于自愿合规的绿色治理机制；推动金融机构绿色治理转型。

公司治理的改革能够提升经营效果，进而提升股价；国家治理的改革则能降低整体风险溢价，提升市场整体估值水平。世易时移，投资者对公司治理的关注优先于对国家治理的关注,并且将在投资组合中赋予 ESG 有明显改善的公司更高的权重。ESG 投资并非一时潮流,而是大势所趋。随着新兴市场在全球舞台上的兴起,现在是时候在整个新兴市场倡导 ESG 标准了,公司想要它,消费者期望它,而作为投资者应该要求它。这就是我们可以作出长期改变的方式,这就是我们如何实现投资向善(马克·墨比尔斯等,2021)。

第三章　股票价值的信号与噪声
——价格与价值的永恒纠缠

第一节　股票价格的产生与投资者情绪

一、股票市场价格的形成——脱离价值之锚的波动

股票的价格由价值决定，价格围绕着价值而波动，这似乎是老生常谈。但是要细究起来，股票到底价值几何？如何知道准确的股票价值？价格因何脱离价值而波动？这些问题在投资的理论和实践中，都是需要直面的问题，然而，历史告诉我们，这些问题，恐怕都没有一个简单的答案。

亚当·斯密于 1776 年在《国富论》中揭示了商品价格的形成机制："每一种特定商品的价格是由实际进入市场的数量和愿意为该商品支付其自然价格的人的需求之间的比例决定的。"简而言之，商品的短缺或剩余会导致商品价格的上升或下降，但长期而言厂商会因此增加或减少商品的供给。如果人们在这样的市场上理性地追求自己的经济利益，他们就会用尽所有的互利机会生产产品并进行交换。亚当·斯密认为，自由市场本质上是完美的、稳定的，是一只"看不见的手或无形之手"，即使需要有政府的干预（有形之手），也只需要很少一点点。但这一理论并未考虑到人们在经济活动或投资活动中受到非经济动机的支配，也没有考虑到人们的非理性程度或者被误导的程度。

投资领域存在两个既有联系又有区别的市场：资产本身的交易市场和资产信息的交易市场（信息市场）。投资的目的是不断获得可以产生超额收益的资产信息，通过信息套利来实现超额收益。如果价值投资的核心就是以好的价格购买一家优秀的公司，那么在投资之初就会产生一个问题，即该投资是否便宜以及为什么如此便宜？如果当前价格比较便宜，是因为市场忽略了一个重要部分，即公司的未来发展，而恰恰该部分可能才是公司真正的优质价值所在。商品价格取决于其使用价值或其他的包括美学、情感等方面的价值，股票的价格则主要反映了其在未来获利的可能性。对某些股

票来说,价格低廉并不算低估,因为市场很可能已经认识到这些公司未来的经营及现金流都会比较差,股票价格低是因为公司的价值低。还有一些股票被市场过高定价,可能是因为管理层进行了虚增利润和现金流或夸大了公司财务绩效的操作,这种情况则属于投资者被误导进而给股票定了一个错误的价格。

公司的基本面价值是公司股票价格的"锚",而投资者情绪是导致股票价格偏离其价值之"锚"的主要原因。这个观点,在巴菲特对于市场先生的描述中表露无遗。乔治·阿克洛夫和罗伯特·希勒(2009)在《动物精神》一书中提出,人的动物精神是解释经济危机和大萧条的重要概念,可以用来解释宏观经济现象和市场价格波动,包括股票、汇率、石油价格等的波动。他们提出动物精神的五个方面,即信心、公平、腐败和反社会行为、货币幻觉、故事,以及它们是如何影响经济决策的。其理论大致可以概括为:基石是信心,以及信心与经济运行之间的反馈机制,只是这种机制放大了各种扰动;工资和价格的决定大体上取决于对公平问题的关注;承认腐败、欺诈(技术上合法但心术不正的经济行为)等反社会行为的倾向,以及它们在经济中所起的作用;公众搞不清楚通货膨胀或通货紧缩,更弄不明白它们的影响;公众对生活的感觉、对自我身份的认同以及对自身行为的看法,是同其自身的生活故事和他人的生活故事交织在一起的,这些故事汇集成国家和世界的故事,并在经济中起着重要作用。换言之,我们不是用事物和事件的角度来解释世界,而是用事物和事件的顺序来解释世界。从解释世界这个角度,故事就是智力,科学理论只不过是好故事的一个特例。人们的行为模式,远非古典理论所假设的理性那样简单,贪婪、诱惑、嫉妒、怨恨和恐惧等情感不但会影响个人决策,而且可能导致整体经济的动荡不安。

所谓的投资者"情绪",罗伯特·希勒认为,是一种共同的偏好或信念,会同时影响一大批的投资者。当投资者依据伪信号进行交易时,就会产生投资者情绪,这类伪信号包括价格和交易量的波动模式、时下流行的模型、华尔街权威人士的预测等。因此,投资者情绪可以定义为不因现存的基本面信息而产生的乐观或悲观情绪,并由此导致了与基本面信息无关的投资者需求或价格压力。投资者情绪不但对市场总体价格有影响,而且在对单只股票的相对定价以及按照行业、地理区域或投资风格划分的投资组合的相对定价中也扮演着重要的角色。情绪是动物（包括人类）从环境和过往经历中学习时提高效率的工具，情绪有助于形成内部的奖惩机制，使大脑能够选择有利的行为，我们对事物和事件的情感反应比我们理性表达的速度要快得多。比如，恐惧就是一种非常有效的学习机制，在关键时刻，它能让你快速反应，逃离危险之地。神经科学的研究表明，大脑对金融经验反应的神经路径和对恐惧及贪婪产生的路径相同，就像大脑对待任何其他东西一样。虽然金钱在历史上存在的时间是悠久的，但是与人类存在于这个星球上的时间相比，金钱还是一个非常新鲜的事物，而我们正在使用我们古老的大脑处理新的想法。

二、市场趋向有效的过程与股票价格波动

有效市场假设认为，股票价格已经包含了该资产迄今为止所有已知信息，所有信息都已经被考虑在内，过去的价格变动在预测资产的下一个价格时不能提供任何信息。换言之，市场越有效，市场价格的变动越随机。但是在现实的投资市场中，存在种种与有效市场理论不一致的"异象"。有意思的是，2013年的诺贝尔经济学奖颁给了尤金·法玛（Eugene Fama）、拉尔斯·彼得·汉森（Lars Peter Hansen）和罗伯特·希勒（Robert Shiller）三个人。其中法玛被授予这一荣誉是因为他在20世纪60年代发现股价是可得信息的准确反映，希勒则在20世纪80年代发现了法玛理论的局限性——股价会偏离理性，汉森的主要贡献是研究出一种适用于检测资产定价合理性的统计方法。瑞典皇家科学院则指出，三位学者的成果表明"市场价格的波动受到理性和人类行为的共同影响"。"可预期性"是2013年获奖成就的核心，几乎没有什么方法能准确预测未来几天或几周股市债市的走向，但可以通过研究对三年以上的价格进行预测。

随着股票市场的发展，一般投资者与公司离得越来越远，更依赖于股票市场价格的变化，甚至有些投资者忘记了公司股票价格变化与其背后公司经营好坏及财务指标之间的关联。这一点，从股票价格与公司账面价值的

关系可见一斑：公司前景越好，其股价与账面价值之间的联系越小，也就意味着股价超出账面价值的溢价越多，这种不稳定的溢价相当程度上取决于市场情绪的变化。这样，我们最终将面临一个悖论：公司做得越成功，其股价的波动性可能就越大。当然，这个波动总体上是向上的。

在投资实践中，有所谓的"戴维斯双杀"。它是指有关市场预期与上市公司价格波动之间的双倍数效应。在市场投资中，价格的波动与投资人的预期关联程度基本可达到 70％～80％。而不断抬高的预期配合不断抬高的市盈率定位水平，决定了价格与投资人预期之间的非线性关联关系。而一旦预期（比如说每股收益）变坏，市盈率倍数也会随着下降，导致股票价格（股票价格＝每股收益×市盈率）的大幅下跌，这种股价的加速下跌，反映了人们对公司未来长期增长的怀疑和悲观看法。所以，股票价格与每股收益之间的关系也会随着市场"情绪"而发生剧烈的变化。

理论上，股票价格是对于股票未来收入流（股息或收益）的贴现值的预测，找到影响未来收入流和贴现率的因素，就可以找到影响股票价格波动的因素。对于整体市场，人们也试图给出令人信服的解释，但看起来市场的频繁和巨幅波动似乎不能用利率、股息、收益变化或其他因素来解释。"经济基本面依然强劲。"每次股票市场大跌之后，试图恢复公众信心的各国政府官员都会重复这样的陈词滥调。现实情况经常是，股市变化了，而经济基本面没有变化。资本市场总是波动很大，因为投资是对未来下注，而未来是不确定的，总是充满意外。价格发现是一个持续的过程，证券价格最好被视为基本面价值和噪声的混合。基本面价值在证券价格中的占比，会随着噪声（或市场情绪）的大小而变化。

凯恩斯将股票投资比喻成"选美"，重要的不是选出你认为最漂亮的，而是要试图猜测出大家认为谁是最漂亮的，这样你的投票才有可能与最终的结果一致。短期的投资业绩表现其实是流行程度大比拼，而大多数便宜货之所以存在，只是因为它们没有被大众普遍接受，不流行，没人买，所以价格才便宜。因此，霍华德·马克斯（2019）指出，股票投资风险的最主要来源，不是负面的经济变化，不是公司的产品变得没有竞争力了，不是盈利下滑，也不是信用评级降低，而是资产价格内涵的估值水平高得太离谱了，它是被一种新的有毒的投资逻辑鼓吹出来的，从基本面看它完全不合理，从而导致资产的估值水平高到完全不合逻辑。什么时候价格会涨到过高的水平？风险规避态度消失不见，小心谨慎也蒸发不见，风险容忍和乐观主义主宰了整个市场，这时资产价格会如火箭般飙升。这种估值水平极高的情况，是投资人最大的敌人。

三、制度设计与股票价格波动

从市场整体来看，一个大到不能倒的金融体系（也包括资本市场体系）有动机去承担过度的风险。如果它赌赢了，那么自然会为股东赚取高额的利润（高管也会被慷慨地奖赏）；如果它赌输了，那么还可以指望得到政府的援助，将大部分损失转嫁给整个纳税人群体。这个非对称机制是不公平的，它通过增加金融机构的风险偏好扭曲了资本的配置。对利润的追逐降低了社会福利，使资本偏离了最优配置。失败是资本主义的一部分，承担超额风险的企业应该被允许破产。因此，一个国家或地区基本的法律制度、市场制度和经济制度不应该鼓励这种以小博大的机制，也就是赌赢了归自己，赌输了主要由别人承担亏损。赌博最基本的原则就是平等的条件，它是公平的游戏。在一场公平的游戏中，输赢是无法通过研究过去的表现来预测的。当然，股市不是赌场，股市和赌场在功能上和实际的输赢结果上应该有严格的区分。因此，目前所建立市场的有效性是人为的、昂贵的价格发现机制的结果，需要人们作出很多的努力（包括合理的市场机制、自律机制、监管机制、媒体监督和法律救济制度等，也包括教育事业为市场提供更多精明的投资者等）来提高市场的有效性。

在股票市场，应该及时淘汰劣质的、造假的、违法的公司，有效提高上市公司整体的质量，才能给投资者提供一个公开、公平、公正的投资市场。这样股票市场整体的价格也会因为市场的开放性（有进有出、优胜劣汰）而保持与实体经济的有效联动，股票的价格从长期来看才能真正体现公司基本面的价值信息。但是，在股票市场上，投资者对一家公司的前景作出自己的判断，这个过程是极度动态化的，也是非常复杂的，因为许多因素都变化不定且难以准确预测。其中有两个因素尤其重要：第一个因素是委托代理，投资者需要知道公司的管理层是服务于股东利益，而不是管理层自己的利益；第二个因素是信息不对称，普通投资者与机构投资者之间、内部投资者与外部投资者之间、大股东与小股东之间、公司管理层与股东之间等由于种种原因和不同的激励机制，均存在不同程度的信息不对称。委托代理关系和信息不对称的普遍存在，使得投资者在准确判断上市公司的价值进而决定其投资策略方面存在种种困难，基本面价值隐藏在重重迷雾之后，股票价格受到投资者"情绪"尤其是市场整体"情绪"的影响也就是很自然的了。

第二节　价值信号何以失真

对一个想要致富的社会来说，光有竞争性市场是不够的，还必须有多元性的、高效的政治制度和经济制度，以防止社会精英垄断权力、压制竞争者和攫取超额的资源。在过去的许多年中，公司治理和会计欺诈一直被认为是投资资本市场最大的风险。即便良好的公司治理在西方很多公司中都有悠久的历史，但也会不断出现公司治理的问题。而对于亚洲地区这一类新兴市场的小股东来说，股票市场是外来的制度，股票市场上特别致命的弱点就是公司治理。尽管已经实现了上市交易，但很多公司仍旧明显受控于公司的创始人或其家族成员，中小股东被隔离在公司之外，难以参与其中。股票价格与公司价值之间存在一定的关联，但这种联系往往并不稳定和持久，而是以含混不清且变化莫测的方式反映公司的价值，事实上增加了股票投资者的风险。

一、安然事件的启示

安然事件（the Enron incident），是指 2001 年发生在美国的安然公司破产案。安然公司曾经是世界上最大的能源、商品和服务公司之一，名列《财富》杂志"美国 500 强"第七名，然而，2001 年 12 月 2 日，安然公司突然向纽约破产法院申请破产保护，该案成为美国历史上企业第二大破产案。

安然的销售收入从 1996 年的 133 亿美元增加到 2000 年的 1008 亿美元，而同期净利润从 5.84 亿美元上升到 9.79 亿美元。安然主要的创新成就来自对金融工具的创造性"运用"，通过新的金融工具使本来不流动或流动性很差的资产或能源商品"流通"起来，其主要的方法有二：一是为能源商品（包括天然气、电力和各类石油产品）开辟期货、期权和其他复杂的金融衍生工具，把这些能源商品"金融化"。安然研制出一套能够为能源衍生证券定价和风险管理的系统，这构成了它的核心竞争力。1990 年，安然收入的 80% 来自天然气传输服务业，而到了 2000 年，其收入的 95% 来自能源交易和批发业务。二是将一系列不动产（如水厂、天然气井与油矿）打包，以此为抵押，通过某种"信托基金"或资产管理公司，对外发行债券或股权，把不动产"做活"。为此，安然建立了众多关联企业和子公司，它们之间隐藏着多种复杂的合同关系，从而达到隐蔽债务、减少税收以及人为操纵利润的目的。

随着安然收入和利润的"稳定"增长（多年来安然的利润总比华尔街分析师的预测稍高一点），其股票价格在 1995 年以后开始剧烈上涨，从 15 美元左右上升到 2000 年底 90.75 美元的高位。

2001 年 3 月 5 日，美国《财富》杂志发表文章《安然股价是否高估》（"Is Enron Overpriced"），对公司财务提出疑问，安然事件由此爆发。

在安然败落的过程中，买方分析师（buy-side analyst）、媒体与卖方分析师（sell-side analyst）扮演了完全不同的角色。卖方分析师主要是投资银行的分析师，投资银行的收入主要来自承销、推销股票或者买卖股票的佣金，他们有发布利好分析报告的激励机制。而在投资公司、基金管理公司和对冲基金的证券分析师与基金经理，以及为投资者和这些基金公司提供分析报告、但不靠股票交易本身挣钱的独立证券分析师，是买方分析师。报道上市公司的财经媒体，它们与买方分析师有着相近的激励结构——其市场的价值来自分析报告或新闻报道的可信度与准确性。比如 2001 年 5 月 6 日，买方分析师发表了一份分析报告，该报告建议投资者卖出安然股票或做空，主要依据是安然越来越低的运营利润率，同时也对安然公司关联交易与会计手法持消极看法。而在此期间，投资银行高盛、美林的卖方分析师仍强烈推荐安然股票。

2001 年 7 月 12 日,安然公布了第二季度的财务状况,每股净利润为 45 美分(比华尔街分析师的预期多 3 美分),营业收入比上一季度稍低。在当天的电话会议上,安然的投资者关系部门主管称,其"资产与投资"项目的三分之一利润来自经常性运营收入,而剩下的三分之二来自安然不动产投资项目的价值重估。这一点让众多分析师觉得不可思议:在 2001 年第一季度结束时,安然称这些不动产价值大跌,仅仅过了三个月,安然又说这些不动产价值大升,如此大的变化从何而来? 参会的安然高管也语焉不详。但是,大多数华尔街卖方分析师继续推荐安然股票。

在安然公司公布第三季度报告后,《华尔街日报》连续披露了安然许多关联企业的细节。比如,安然财务总监法斯托是安然关联企业 LJM、LJM2 及其他一些同类实体的主要股东或总经理,他从这两家企业获得了 300 多万美元的报酬。比如,安然与另外两家关联企业马林二号(Marlin 2)信托基金和 Osprey 信托基金的复杂交易,安然通过这两个基金举债 34 亿美元,但这些债务从未在安然的季度或年度报告中披露。其时,安然股价已跌到 20 美元左右。

随后,安然在 2001 年 11 月 8 日宣布,在 1997 年到 2000 年间由于关联交易共虚报了 5.52 亿美元的盈利,并开始寻求收购。

在安然崩塌的过程中,股票市场的做空机制、信用评级机构的评级下调、买方分析师的分析报告和媒体的质疑披露等均加速了问题的暴露。这也是市场机制的特点,是其纠错功能的具体发挥。市场主体可以在分工体系中找到自己的定位和利益,有自己的行事方式和激励机制,分散决策的市场体制可能比集中决策的计划体制好就好在这种多样性和包容性。

安然是一家典型的金字塔式关联企业集团,共包括 3000 多家关联企业。利用关联企业进行关联交易、隐藏债务、自造利润。公司董事会对股东负有诚信义务,这种责任是股东相信董事会能够对上市公司进行监管的基础,也是出问题时股东起诉董事会的主要法律依据。但是安然的董事会是什么样的呢? 安然共签订了 7 份涉及 14 名董事的咨询服务合同,还有多项与不同董事所在企业进行产品销售的合同,或者向一些董事任职的非营利机构捐款。安然董事会像是一个"有浓厚人际关系的俱乐部"。不难理解，当安然关联交易递交董事会审议批准时，自然容易获得通过。

20世纪30年代，在股市崩盘和经济大萧条的背景下，出于对重建市场信用的渴望，美国注册会计师协会（AICPA）推出了一系列旨在增强透明度、公信力的"清洁措施"，包括禁止其成员做广告、注册会计师之间不能相互"偷猎"客户等等。AICPA的努力得到了回报：为整个会计师行业争得了上市公司财务状况的审核权。1933年美国国会为此专门召开了听证会，争论是相当激烈的。

"那么谁来审核你们呢？"当时的肯塔基州众议员阿尔本这样问阿瑟·卡特——德勤前身Haskins & Sells公司的高级合伙人。

"我们的良心。"阿瑟·卡特这样回答。

这个根本的问题将一直伴随着会计师事务所、律师事务所和投资银行等市场中介机构，这是他们在执业过程中始终要认真对待并真正需要用正确的行动作出回答的问题。

美国休斯敦的联邦大陪审团正式对安达信销毁安然文件资料的行为，以阻碍司法调查的罪名提出刑事控告。司法部的调查侧重于安达信在知道证监会要对安然开展调查之后，还肆意销毁大量相关文件资料的行为。证监会则侧重于安达信对于安然的财务报表一直出具无保留意见的审计报告这一方面。

当然，美国的财务会计准则的缺陷也是明显的。一是利益团体影响政策制定。以非营利的民间机构来制定会计准则原本是希望会计准则的制定过程免受政治和商业利益的影响，而事实上，负责制定美国财务会计准则的是财务会计准则委员会（Financial Accounting Standard Board，FASB），其经费主要来源于大公司的自愿捐款，FASB在制定会计准则时经常受到各种利益团体的游说，一些重要的准则因此迟迟无法完成，如有关特别目的的实体（Special Purpose Entities，SPEs）的准则。安然事件的起因就是它长期掩盖在SPEs的负债和损失。二是与国际会计准则（International Accounting Standards，IAS）相比，美国的财务会计准则更注重对技术细节的规定以及强调财务报表在技术上符合公认的会计准则（Generally Accepted Accounting

Principals，GAAP）。这样，企业可以在技术上合乎规定，但可以避免报告交易的实际经济意义。国际会计准则注重要求企业遵守财务报告的一系列基本原则，这样反而能够更多地反映企业经营的实质。

安然连续 6 年获得《财富》杂志"最富创新精神的公司"的称号，也创造了美国大型企业从辉煌到破产时间最短的纪录。安然的破产也引发了世界范围内的对于公司治理的深刻反思。在组织结构上，安然与中国许多"金字塔"式企业的控制结构很类似；在运作上，安然通过关联交易来"创造"虚高的利润，配合二级市场的炒作；在信息披露上，安然利用会计准则的缺陷，作出虚假的、误导性的陈述。以股价为业绩指标的股票期权计划容易造成激励扭曲，诱使管理层去获取短期利益，而损害公司的长期价值创造能力。

安然事件等一系列的财务虚假案暴露了美国证券法律的诸多不足，促使其对资本市场的监管和信息披露制度进行变革。《2002 年萨班斯-奥克斯利法案》就是这场变革的产物，该法案在会计师行业监管、外部审计独立性、公众公司管理层责任以及防止证券分析师利益冲突等方面提出了许多新的严格要求。

2008 年全球金融危机是由美国次贷危机引发的一场波及全球的金融风暴。在这场危机中，许多金融机构由于风险管理不善、过度杠杆操作等问题，出现巨额亏损甚至破产，严重损害了金融市场和消费者的利益。《多德-弗兰克华尔街改革和消费者保护法》的颁布，被认为是 20 世纪 30 年代以来美国改革力度最大、影响最深远的金融监管改革。该法案旨在通过改善金融体系问责制和透明度，以促进美国金融稳定、解决"大而不倒"问题、保护纳税人利益、保护消费者利益。

二、浑水公司的生意与卖空机制的作用

当获取和利用公司信息的成本高昂时，就会存在严重的错误定价。这通常发生在公司业务复杂、会计披露不透明时。基本面情况对股票未来收益有预测作用，更差的基本面意味着更低的预期收益。卖空者会尽力挖掘被市场高估的股票并通过卖空而获益，其中，有一类卖空者专注于主动收

集、分析公司的基本面信息，试图找出公司财务造假、虚增营收和利润等的证据。如果这些情况被证实，公司极有可能会涉嫌违法或违反证监会和交易所的监管制度，相关信息的披露就会引起该公司股票价格的急剧下跌，甚至引发公司退市和破产，那么卖空者就可以获得尽可能高的利润。

浑水创始人卡森·布洛克（Carson Block）是一个"中国通"，他 2005 年从美国来到上海，当过律师，开过物流公司，写过 *Doing Business in China For Dummies*。布洛克是想告诉外国人如何在中国开公司，如何做调研、规划、招聘、销售等。2010 年，布洛克成立浑水公司（Muddy Waters Research），其公司主页上有一段很有意思的简介："中国成语有云，浑水摸鱼，它可以解读为——不透明亦可产生赚钱的机会。"

浑水公司专门针对在海外上市的中国企业做空。布洛克发现，"在美国和中国，有不少人勾结起来合伙将一些空壳公司带到美国"。与普通卖空者不太一样，浑水公司并不是简单地进行卖空操作，它首先对一家目标公司进行调查，如果发现这家公司存在问题，就会先行卖空，然后发布调查报告，引起投资者对这家公司生存发展能力的怀疑与不信任，致使投资者大量抛售公司股票，从而股价下跌，浑水公司再买回先前卖出的股票，从买卖差价中获利。浑水公司的营利模式可以称为通过调查发现问题的狙击型卖空。

浑水公司的第一个狙击对象是东方纸业。布洛克通过电话沟通及客户官网披露的经营信息，逐一核对各个客户对东方纸业的实际采购量，最终判断东方纸业存在虚增收入的行为。虚增的方法其实很简单，就是拟定假合同和开假发票。浑水公司调查发现东方纸业的工厂破烂不堪，机器设备是20 世纪 90 年代的，办公环境潮湿，不符合造纸厂的生产条件，而工厂的库存基本上是一堆废纸。

2010 年 6 月底至 7 月 22 日，浑水公司连续发布了 6 份针对东方纸业的报告，浑水公司给予东方纸业股票"强烈卖出"评级，目标价低于 1 美元，而当时东方纸业股价为 8.33 美元。该报告在市场上引起巨大反响，东方纸业股价在随后的一个交易日重挫 13%，日成交量接近前一天成交量的 7 倍多。到 7 月 2 日，东方纸业的股价已跌至 1.5 美元，跌幅超过 80%，浑水公司一战成名。

　　截至 2021 年 12 月,浑水公司共狙击了 20 家中概股公司,被做空的公司的结果大致有 3 种:一是摘牌退市,二是股价大幅降低,三是短暂波动后重回升势。若浑水公司的调查报告得到确认,结果大概率是前面两种;而如果浑水公司的调查报告并没有完全被确认,甚至市场、公司或第三方机构坚持认为是误解,就有可能出现第三种结果。但浑水公司的狙击命中率整体上很高,杀伤力也很大。

　　应该说,浑水公司的核心能力在于其调查研究能力,浑水公司独特的调查方法是值得投资者借鉴学习的。其调查方法主要为:

　　(1)查阅资料,找出多种信息的矛盾之处。在选定狙击对象后,浑水会对该上市公司的各种公开资料做详细研读。这些资料包括招股说明书、年报、临时公告、官方网站、媒体报道等,且时间跨度很大。

　　(2)调查关联方,验证相关数据。关联方包括大股东、实际控制人、兄弟公司等,还包括那些表面看似没有关联关系,但实际上听命于实际控制人的公司。浑水非常重视对关联方的调查,关联方一般是掏空上市公司的重要推手。

　　(3)实地考察,比对公开信息。对上市公司开展实地调研是取证的重要环节。浑水的调研工作非常细致,调研时间往往持续很久,调研形式包括电话访谈、当面交流和实地观察等等。

　　(4)调查供应商,弄清来龙去脉。为了解上市公司的真实经营情况,浑水公司重视对上市公司供应商的调研,以印证上市公司资料的真实性。同时,浑水公司也会关注供应商的办公环境,供应商的产能、销量和销售价格等经营数据,并且十分关注供应商对上市公司的评价,以此作为与上市公司公开信息对比的基准。浑水公司甚至假扮客户去给供应商打电话,了解情况。

　　(5)调研客户。调查方式包括查阅资料和实地调研。浑水公司重点核实客户的实际采购量、采购价格以及客户对上市公司及其产品的评价。

　　(6)重估价值。在整个调研过程中,浑水公司常会根据实际调研的结果来评估上市公司的价值。浑水善于通过供应商、客户、竞争对手以及行业专家提供的信息来判断整个行业的情况,然后根据相关数据估算上市公司真实的业务情况。浑水公司很注重参考竞争对手的经营和财务情况，借以判断上市公司的价值。在查阅资料和实地调研这两个阶段，浑水公司注重请教行业专家，加深对行业的理解。价值重估不可能做到十分准确，只要大致计算出数量级，就具有极强的参考意义。浑水公司在狙击上市公司的时候，不排除有恶意低估其资产价值的可能，但就调研方法而言，确有值得借鉴之处。

浑水公司的调研方法其实只是正常的尽职调查，在方法论上并无重大创新，它极少运用复杂的估值模型去判断一家上市公司的价值；然而最简单的方法往往最有效，调研的收获远远大于办公室里的数据处理。

浑水公司总结了中国概念股造假的一些规律，包括设立壳公司、拟假合同、开假发票等，目的是虚增资产和利润，伺机掏空上市公司。这些都成为浑水公司关注的重点。浑水公司的调研体系全方位覆盖了被调查对象的情况，如果被调查对象想彻底蒙骗过去，那得对所有方面都做系统的规划，这不仅包括不计其数的公开资料都口径一致，也得和所有客户、供应商都对好口径，还得把各流程相关政府部门圈进来。如此造假，成本极其高昂，难度极大。

表 3-1 列举了被浑水公司做空的 20 家中概股公司的进展，其中，奇峰国际、辉山乳业、敏华控股、安踏体育在中国香港上市，其余公司在美国上市。被浑水公司做空的上市公司，相当部分的做空报告内容得到了证实，因此导致股票价格的下跌，甚至退市或重组。浑水公司对中概股的狙击也并非总是成功。2011 年 6 月 28 日，浑水公司发表对展讯通信的质疑，当晚，展讯通信股票从 13.68 美元跌至最低 8.59 美元。但第二天其股票又大幅反弹，随后几个月持续上涨，在 2011 年 11 月股票价格上涨到 28 美元。浑水公司CEO 面对展讯通信的回应，也只能说，"此前对展讯通信财报有误解，质疑旨在寻求对话"，承认质疑缺乏根据。这次对中概股的狙击失败被认为是浑水公司的首次败绩。

表 3-1 浑水公司做空的 20 家中概股公司的进展

时间	公司名称	进展
2010 年 6 月	东方纸业	股价长期低位
2010 年 11 月	绿诺科技	承认造假,退市
2011 年 2 月	中国高速频道	报告发布当日股价暴跌 33.23%,3 月 21 日被迫停牌,后从纳斯达克退市
2011 年 4 月	多元环球水务	2012 年 6 月,股价只有 0.41 美元,纽交所宣布将多元环球水务的美国存托股摘牌
2011 年 6 月	展讯通信	浑水默认对公司的财务报告"有误解",被收购退市
2011 年 6 月	嘉汉林业	破产,重组
2011 年 11 月	分众传媒	2013 年私有化,2015 年借壳登陆 A 股市场
2012 年 4 月	傅氏科普威	2012 年年底完成私有化,后从纳斯达克退市
2012 年 7 月	新东方纸业	股价曾两天跌掉一半,后重回升势
2012 年 10 月	网秦移动	当日网秦移动股价跌幅达到 48.95%,最终退市
2014 年 11 月	奇峰国际	2015 年 12 月 15 日起停止交易
2016 年 12 月	辉山乳业	股价暴跌,引发债务危机,2019 年退市
2017 年 6 月	敏华控股	做空证据不充分,影响较小
2017 年 12 月	圣盈信金服	目前尚未退市,但是股价不到 1 美元
2018 年 6 月	好未来	公司无碍,股价重回升势
2019 年 7 月	安踏体育	当日股价暴跌,但受到的影响有限
2020 年 1 月	瑞幸咖啡	公司公告承认财务造假,股价下跌
2020 年 5 月	跟谁学	公司称第三方专业顾问对多份做空报告中的指控进行了内部独立调查,未发现有任何重大问题
2020 年 11 月	欢聚集团	公司称完成针对浑水做空报告的独立调查,相关的指控和结论均未被证实
2021 年 12 月	贝壳	公司表示浑水不了解中国房产市场,股价从年内最高的 78 美元一路暴跌至 15.15 美元

浑水公司的行为并非完全无可指责,很多人认为浑水公司背后有对冲基金参与其中,在浑水公司质疑一家公司前,该公司股票往往出现异常波动。例如,展讯通信被浑水公司质疑前,其业绩屡屡超出预期,却在被质疑

前的两个月，股价从 21 美元逐步下滑到 13 美元，怀疑有对冲基金提前卖出，等到卖空报告公布，已经是买进回补的时候，即到了收获的季节。

2012 年 9 月 4 日，在谷歌前中国区总裁李开复的牵头下，60 多名创投界、企业界人士签署一封联名信，指责做空机构香橼（Citron）伪造信息撰写报告。联名信呼吁，"外国投资人确实对中国缺乏认识，因此我们恳请投资者，在有关中国公司的投资建议上，寻求真正可信的专业人士，而不要依赖于那些靠欺诈起家、在专业知识上有缺陷并且有严重利益冲突的机构或个人"。

2022 年 2 月，美国司法部对做空机构发起调查，确定其是否通过提前分享做空报告，或参与非法交易策略来压低股票价格。2021 年 10 月美国联邦调查局探员就拿着搜查令出现在浑水公司的布洛克面前。此前，香橼研究创始人 Andrew Left 也遭到调查，联邦探员还收走了他的电脑。

美国司法部重点关注这些空头是否存在虚假报价（spoofing）或"剥头皮"（scalping）的行为。具体来说，虚假报价是用大量虚假挂单欺骗交易对手获利。而"剥头皮"策略的调查重点则关注这些公开做空股票的交易者，是否在没有披露的情况下就对仓位进行获利了结。

随着赴美上市的中资公司不断增加，2010 年前后全球新增超过 40 家做空中概股的机构，包括浑水、格劳克斯、匿名分析、美奇金、哥谭市等，它们选取的做空标的主要为在美股、港股上市的中概股。

那么，一个很自然的问题是，在中国的 A 股市场，类似于浑水公司的做法是否可行呢？制度是否允许呢？

中能兴业投资咨询公司（以下简称中能兴业）是早先发起调查上市公司康美药业的机构，2012 年底，中能兴业和《证券市场周刊》合作调查研究，发表了《康美谎言》的系列文章，称康美药业存在虚构土地等多种问题，使得康美盐业股价在短时间内快速下跌。与此同时，不少市场人士质疑中能兴业在这一事件中做空获利，引发投资者对采取这种类似"浑水"模式融券做空合法性的质疑。

中能兴业在 2013 年年初否认自己在康美药业报道中获利，2013 年 3 月 6 日，中能兴业向证监会发函询问了"调查、卖空、发报告"的做空方式是否合法的问题。证监会 2013 年 4 月 27 日给出了回复,回复并未直接说明这种操作是否合法。回复仅列举了两个现有法规:其一是"以研究报告或者其他形式,向投资者或客户提供证券投资分析、预测、建议,并直接或间接获取经济利益的,属于从事证券投资咨询业务",这需要向证监会取得业务资格。其二,《证券法》禁止任何单位和个人编造、传播虚假不实信息,扰乱证券期货市场秩序。以编造、传播或者散布虚假不实信息等不正当手段,影响证券价格波动并获取经济利益,涉嫌构成操纵证券市场的,将依法予以查处。

中能兴业认为回复不够清楚,再次致函证监会,证监会于 2013 年 7 月 5 日再次书面回复,回函称,如果发表的文章限于陈述事实、不含"投资分析、预测或建议"及"证券估值、投资评级等投资分析意见"内容,不属于证券投资咨询业务。但任何市场行为,包括公开发表研究报告、进行市场交易,必须严格遵守《证券法》等法律法规及中国证监会的有关规定,不得从事内幕交易、操纵市场、虚假陈述和编造虚假信息扰乱证券市场秩序等违法违规行为。

证监会回函也提到,对于"公布真实可靠的调查研究信息,但影响了证券价格波动,机构因而获利,是否涉嫌构成操纵市场",以及"对发现的有疑问证券先融券卖出,再发布看空报告以及谋求利益的行为是否违反《证券法》及相关法律法规"的问题,现行法律法规中没有明文规定,需要有关部门依据法定程序,根据具体事实、证据作出认定。

为了防止卖空行为加剧股票市场上的股价操纵行为,卖空活动在美国被严格管制,在很多其他国家,卖空活动也是被禁止的。截至目前,中国的卖空活动仅限于融资融券业务,并且对卖空者的资质及卖空行为进行严格的管制。比如,A 股市场进行融资融券交易首先要开通权限,融资融券权限开通需要满足以下条件:(1)前 20 个交易日日均资产不低于 50 万;(2)C4 及以上的风险承受能力;(3)在所开户的证券公司交易经验不少于 6 个月。中国虽然实行了融资融券制度,但是在执行过程中,仍然存在严重的卖空限制,即只有部分股票列入可以融资融券范围。卖空限制阻碍了市场中看空投资者的交易行为,从而有可能在市场中累积大量的负面信息,增加个股或市场崩盘的风险。

中国的融资融券业务，兼具杠杆和卖空交易的特征。卖空制度在发展的过程中，存在严重的非对称性问题，《证券公司融资融券业务试点管理办法》针对融券提出诸多限制。例如，融资融券标的数量有限且集中在绩优股，券源仅为证券公司所持证券，融券利率仅能由证券公司设定。这些限制导致长期以来融券在融资融券中占比较低，融资交易主导中国股票市场融资融券业务的发展。相对于深圳市场，上海市场由于集中了大多数国有控股的大盘绩优股，融券标的更多，因而其融券业务占融资融券业务的比重更高一些。

2023年10月14日，证监会发布了一项新政策，对股市的做空操作进行了限制。首先，在融券端，保证金比例得到提高。其次，新政策对借出股票的人也做了限制。大股东、实控人以及通过大宗交易接盘的其他有限售条件的股票将不能再将其股票出借给他人进行做空操作。同时，公司的高管、核心员工参与战略配售的专项资产管理计划的持股也不再可供出借。这一限制措施旨在避免潜在的市场操纵行为。此外，针对新上市公司，仅有少数战略投资者可出借股票。这些投资者在上市交易的前5天内，每天出借比例不得超过25%，累计不得超过50%。此外，股票的借出对象只能随机分配，不能指定特定个人或机构。这一规定是为避免私下达成协议，限制融券操作中与交易方合谋锁定配售股票的收益。在过去，有一些大股东通过做空机制先IPO发行、再拉高股价、融券做空等手段，牟取利益，这对普通散户来说是十分不公平的。而新政策的出台，有望改善这种制度性的不公平。

有效资本市场的重要组成要素之一是卖空机制。卖空行为本身也具有信息含量，若一只股票无卖空限制却没有卖空者问津，则表明卖空者认为这只股票没有负面信息，即市场参与者认为该股票没有被高估。因此卖空比例（short interest rate，SIR，被卖空股票数量占所有流通股数量的比例）低的股票负面信息少，股票未来具有正向收益。卖空比例高的股票，其股价被高估，股票未来具有负向收益。因此，根据构建卖空比例构建的多空组合策略可以获得稳定且显著的超额收益。俞红海等（2018）利用中国市场数据，考察了卖空行为的收益可预测性。他们查阅中国2011—2015年融资融券标的股票数据，发现中国融资融券账户投资者多采取"追涨杀跌"的投资策略；

并且,融资融券交易行为具有收益可预测性,融资交易能预测正的未来收益,而融券交易能预测负的未来收益。这与 Boehmer 等(2010)的结果相符,即当市场上有更多人对股票持负面看法时,该股票未来会有负的收益。

融资机制为非理性的投资者提供了跟风追涨的渠道,在市场上涨时助推价格上涨速度加快;而融券交易的种种限制,使得市场难以释放负面信息带来的冲击,因而增加了股价崩盘风险(褚剑 等,2016)。

卖空通常被视作纯粹的投机活动,不利于经济稳定,在很多国家和地区受到种种限制。事实上,卖空本质上是实施套利策略的必要机制,一定程度的卖空,配以合理的监管机制,可以为市场注入流动性,并在市场不平衡时期稳定股票价格。

三、长期资本管理公司的起高楼和房塌了

很多教科书把套利定义为"在两个具有价格差异的市场中同时买入和卖出相同或相似的证券以赚取差价的行为",且认为理想的套利是零投入、零风险的。美国的长期资本管理公司,一家有着诺贝尔经济学奖得主(期权定价公式的发明者之一马尔隆·斯科尔斯和集大成者的金融理论家罗伯特·默顿)和前美国联邦储备委员会高官(副主席戴维·马林斯)加盟的套利基金"梦之队",也仅仅存活了 5 年,一度是华尔街甚至是国际范围内备受推崇的投资明星,最终却引发了华尔街历史上的一场大灾难。

(一)缘起

1.J.E.艾克斯坦公司的求救

1979 年,一家名为 J.E.艾克斯坦公司的证券自营商面临倒闭,艾克斯坦来到所罗门兄弟公司求救。艾克斯坦交易的是国库券期货,一般来说,国库券期货的价格要比正常的现券价格略低一些。艾克斯坦买进国库券期货,同时卖出国库券现券,然后,等这两种价格渐渐趋于一致。在这个交易中,艾克斯坦需要关心的是,国库券期货和国库券现货之间的相对价格会发生怎样的变化,如果国库券期货价格的上涨比现券的上涨多涨一点点,或者期货价格的下跌比现券的下跌少跌一点点,艾克斯坦的交易就会获得盈利,这

是通过对冲来进行套利的交易。艾克斯坦用这种方式赌了很多次，都获得了成功，他的赌注也越下越大。到了 1979 年 6 月，市场出现了不合逻辑的、不同于以往的相对价格异动：期货的价格高过了现券，并且两者的价差还在扩大，艾克斯坦被要求追加保证金，否则就会面临被强行平仓。

当时，约翰·麦利威瑟负责公司的"国内固定收益对冲套利部"，他意识到：艾克斯坦的做法很有道理，迟早国库券的期货和现货的价格将趋于一致，但是接手艾克斯坦的交易需要公司用数千万美元的自有资金来冒这个险，而当时所罗门兄弟公司的总资本才 2 亿美元。

约翰·麦利威瑟接手后的几个星期，国库券期货和现券的价格差变得越来越大，所罗门兄弟公司账面上出现了极其惨重的亏损。但是，约翰·麦利威瑟一直非常冷静地认为，这笔交易终将会给公司带来可观的利润。事实证明，约翰·麦利威瑟的坚持是对的，国库券的期货价格和现货价格最终趋于一致，所罗门兄弟公司大赚了一笔。第二年，约翰·麦利威瑟被提拔为合伙人。

2.约翰·麦利威瑟

约翰·麦利威瑟非常聪明，他曾因数学成绩突出获得过全美荣誉学会奖。他在中学时，通过努力练球，成为学校高尔夫队的主力。他是一个把感情藏得很深的人，人缘很好，尽管广受欢迎，但并不愿意出风头。约翰·麦利威瑟第一次玩投资时只有 12 岁，上高中时就会买卖股票来赚钱了。他很喜欢赌，但他只在赢面很有把握的情况下才下赌注。

约翰·麦利威瑟后来进入西北大学学习，毕业后在一所中学教了一年数学，然后进入芝加哥大学攻读工商硕士学位，1973 年取得学位，第二年被所罗门兄弟公司录用。

约翰·麦利威瑟工于心计、精于算计，他绝不会向别人透露他的内心世界，他要么不出手，要么出手就务求必中。他的同事，即使在共事多年之后，依然对约翰·麦利威瑟的背景、家庭等情况不甚了解。所罗门兄弟公司合伙人威廉·麦金托什说："约翰有一副铁石心肠，你根本猜不到他到底在想什么。"不管交易输赢，他永远是那么冷漠。

3.约翰·麦利威瑟初露锋芒

与当时大多数市场直觉强、善于冲锋陷阵的交易厅交易员不一样的是，约翰·麦利威瑟更喜欢用学者们那种严谨的、高度量化的方式来处理市场交易活动。1983 年，他雇用了艾里克·罗森菲尔德，哈佛商学院的一位助理教授，是一位电脑奇才，在当时已经使用计量方式进行投资了。在艾里克·罗森菲尔德之后，约翰·麦利威瑟又招聘了好几位学术水平很高的学者：伦敦经济学院金融硕士维克多·哈格哈尼；麻省理工学院金融博士格里高利·霍金斯；麻省理工学院博士、思路极为清晰、极具数学头脑的经济学家威廉·卡拉斯科，还有麻省理工学院双博士劳伦斯·希利布兰德等。正是这些人，构成了长期资本基金日后的交易员核心。

这些"书呆子"把有史以来所有能够得到的债券价格，一股脑儿地输入电脑，对所有债券的历史表现及其相互关系进行了分类和研究。在此基础上，他们建立模型，对债券未来的价格走势进行模拟。模型可以反映债券世界各种要素的变化——收益率曲线形态、股票波动幅度形态、利率波动形态等等，一旦市场价格出现背离，他们就可以从模型得到交易的信号，套利机会就会出现。

1989 年，约翰·麦利威瑟的套利部门获得了六丰收，劳伦斯·希利布兰德得到了 2300 万美元的红利。约翰·麦利威瑟的地盘也越来越大，涵盖了所罗门兄弟公司所有的债券交易，包括政府债券、抵押债券、高收益公司债券、欧洲债券，以及日本债券购股权证等。

1991 年，负责政府债券业务的保罗·莫泽尔走进约翰·麦利威瑟的办公室，向他承认一件骇人听闻的事情：他向美国财政部提供了一份假标书，并在政府债券拍卖时多买进了一部分未得到批准的政府债券。约翰·麦利威瑟立刻向戈特弗伦德通报此事，他俩和其他两名所罗门兄弟公司的高层管理人员一致认为，事态非常严重，但他们并没有对此采取什么补救行动。几个月之后，公司发现，保罗·莫泽尔还有很多犯罪事实没有交代。公司立即将情况向美国财政部和联邦储备委员会作了通报，这引起了两大机构的极端愤怒。

保罗·莫泽尔丑闻让约翰·麦利威瑟成为所罗门兄弟公司最高主宰的美梦彻底破灭，他开始筹划建立一个崭新的、完全独立的套利基金。

（二）天时地利人和起高楼

1.对冲基金

对冲基金不需要在证券交易委员会进行注册，无须考虑投资组合的多元化，可以选择各种各样的金融工具，如期权、各种衍生工具、卖空，或者非常高的财务杠杆等，几乎完全不受约束。

约翰·麦利威瑟认为长期资本基金应该在债券市场上，专注于"相对价值交易"。从一开始，他就打算，长期资本基金将利用其自有资金的 20 倍、30 倍，甚至更多倍数的财务杠杆，来开展自己的交易。因为他们买进和抛空的债券之间的利差通常都非常小，如果要获得巨额的利润，必须在财务杠杆的帮助下，进行数量极其巨大的交易。

长期资本管理公司与其他基金管理公司是不一样的：(1)它除了每年向投资者收取 2% 的资产管理费外，还向投资者收取其全部利润的 25% 的利润分成，其他基金一般只收取 1% 的资产管理费和 2% 的利润分成。(2)长期资本管理公司还坚持，所有的投资者都必须承诺 3 年之内不得撤资，主要是防止投资者频繁撤资导致长期资本管理公司投资组合的人为变化。

2.群星荟萃

约翰·麦利威瑟要打造的不仅仅是能大赚其钱的交易员团队，而且是经验丰富的金融高手。他将目光转向了哈佛大学的罗伯特·默顿教授，这是一位在金融界举足轻重的权威级学者。在 20 世纪 60 年代后期，经济学家刚刚开始将金融学科转变为一种可以计量的学科，罗伯特·默顿教授取得了一个牛顿式的开创性成果，即建立了一个价格模型，以反映在一系列微细时间段内的价格变化。他将这一模型命名为"持续时间金融"模型。罗伯特·默顿教授的名字就像是一把万能的开门钥匙，从美国到欧洲到亚洲，为长期资本基金带来源源不断的投资。第二位学术明星是马尔隆·斯科尔斯，因为大名鼎鼎的布莱克-斯科尔斯期权定价模型的缘故，马尔隆·斯科尔斯在华尔街的名气极大。有了这两位金融界重量级人物的加盟，长期资本基金简直就是一支对冲基金的梦之队。

1994 年初，约翰·麦利威瑟招揽了一名让所有人都大吃一惊的人物——美国联邦储备委员会副主席戴维·马林斯。就在戴维·马林斯加盟后不久,长期资本管理公司就获得了来自新加坡政府投资公司、泰国盘谷银行、科威特政府养老基金和中国的香港土地发展署、台湾银行的一大批投资。

1994年2月底,长期资本管理公司正式开张营业。除了11位合伙人,还有约30名交易员和其他员工,总共募集了12.5亿美元,尽管没有达到25亿美元的预定目标,仍然创下了历史最高纪录。

3.天时地利

1994年2月,艾伦·格林斯潘5年来第一次宣布,提高银行短期贷款利率0.25个百分点,到了5月份,美国30年国债的收益率从最高的7.6%跌到了6.5%,整整下跌了16%,这对于相对比较平稳的固定收益证券来说,是一个极其巨大的变化。

长期资本管理公司的幸运是双重的:其一,在它将大量资金投入市场之前,市场的价格利差已经被放大了;其二,在市场机会真正出现时,长期资本管理公司是极少数几家能够把握好这些市场机会的企业。

(三)牛刀小试与顺风顺水

1.趋同交易(convergence trade)

30年期国债有一个有趣的现象:这种国债非常安全,且收益率比较高,所以,每次在30年期国债发行6个月或更长一段时间之后,投资者就会把这些国债放入保险柜,长期持有。随着30年期国债在外流通的数量越来越少,这种债券的交易也变得越来越困难了。美国财政部每半年发行一次这种债券。在华尔街,离到期日尚有29年半的老债券,被称为"非当期债券(off the run)",而新发行的债券则被称为"当期债券(on the run)"。由于缺乏"流动性",市场给予"非当期债券"的估值比较低,它的市场价会打一点折扣。换言之,你可以用较低的价格购买"非当期债券",或者说,"非当期债券"的收益率要更加高一些。对套利者来说,利差就出现了。

1994年,利差出现了异常的现象:1993年3月发行的30年期国债的交易收益率是7.36%,但到了8月份,30年期国债的交易收益率跌到了7.24%,也就是整整跌了12个基点。公司认为应该赌12个基点的差距一定会缩小,并将这种交易称为"扣合交易(snap trade)",意即这两种债券的利差水平,经常会在几个月之内趋于一致。

长期资本管理公司将其安全性最高的交易,称为"趋同交易",因为债券都有一个特定的到期日,而在到期日这一时点上,它的市场价格一定会和它的票面价格趋于一致。但由于公司倾向于在每一个市场上买进流动性较差的资产,所以,这些资产彼此之间并不是完全独立的。如果真的出现"所有人"都想赶紧卖出的情况,市场就不可能拥有充分的流动性,公司持有的资产有可能面临"集体跳水"的不利局面。

2.空手套白狼

12个基点的利差是很小的,对于价值1000美元的债券来说,价格差是15.8美元。即使几个月后,这一价格差缩小了2/3,公司买进1000美元债券所能赚的钱,也只有10美元,利润率只有1%。但是如果使用财务杠杆的话,这些看上去毫不起眼的利差,就会成倍地放大。所以,公司买进了10亿美元较便宜的"非当期债券",同时卖出了10亿美元价格较高的"当期债券"。这是一个非常惊人的交易额,该公司总共筹集的资金也只有12.5亿美元!经过精心计算,他们认为:买进一种债券同时卖空另一种债券的风险,只有同时持有两种债券风险的1/25,因此他们将财务杠杆放大25倍。

公司在买进这些"非当期债券"以后,很快把这些债券借给了华尔街其他公司,这些公司用现金对长期资本管理公司作出担保,随后,公司马上用这笔现金对他们借入的"当期债券"进行担保。这样,公司现金流量始终是保持平衡的,它为买进10亿美元"非当期债券"而付出的,和它抛空10亿美元"当期债券"而收入的钱是相等的。换言之,公司没有动用一分钱,就做了20亿美元的生意。

银行竞相放宽对长期资本管理公司的信贷条件,因为银行是得到担保的。公司在每一个可交易日结束的时候,以现金方式对每天发生的损益进行结算。公司的业务非常红火,发生违约的可能性微乎其微。

不出所料,公司手中的"非当期债券"和抛空的"当期债券"之间的利差迅速缩小了。公司一下子就赚了1500万美元,而且,没有用到自己的一分钱。公司只要看中有地方可以赚钱,哪怕只有微薄的利润,也可以利用财务杠杆成百、成千地把每一分钱都赚到手。因此,公司需要大量的融资。

3.初战告捷

1994 年,长期资本基金开始运营的第一年,就获得了 28％的年收益率。扣除管理费用后,所有投资者的账户上都增加了 20％以上的净收益。

1995 年,长期资本基金在意大利政府债券和仅付利息不动产抵押债券这两个战场上大获全胜,未扣除手续费前的收益率达到了令人称奇的 59％,即使在扣除手续费和提成之后,这一水平也达到了不可想象的 43％。

有如此出色的业绩,加上美林证券的帮助,长期资本基金再次募集了 10 亿美元的资本。长期资本管理公司的合伙人已增加到 16 名,员工人数也增加到了 96 名,大部分员工会两种以上的语言,绝大多数人都拥有博士学位,并掌握了非常复杂的"金融技术"。

(四)风起于青萍之末

1.事情在发生变化

到了 1996 年春天,长期资本基金的资产总额飙升到了惊人的 1200 亿美元,比其自有资本整整高了 30 倍。这家基金已经成长为比全美最大的共同基金诚信麦哲伦基金还要大 2.5 倍的对冲基金了,与第二大的对冲基金相比,它的规模更是大了整整 4 倍。

长期资本管理公司非常巧妙地利用了各个银行急于赚取服务费的心理,迫使他们提供最为有利的贷款条件。公司在进行交易时只需要缴纳极少量的保证金,并拼命压缩对手的利润空间,所有银行都在为得到公司更多的业务而竞争。到了 1996 年,美林证券向长期资本基金提供了高达 65 亿美元的回购融资,以及大量的金融衍生工具融资。但让美林证券感到不舒服的是:美林证券每年只能从这些交易中获得区区 2500 万美元的利润。虽然整个市场依然牛气冲天,但美林证券已经开始回收部分资产负债表业务,尽管它仍然是长期资本管理公司最大的银行之一。

约翰·麦利威瑟把长期资本基金油水比较大的清算交割业务交给了贝尔斯登的文森特·马东,一位在所罗门兄弟公司时就与之结下深厚情谊的好朋友。清算经纪行要承担许多非常重要的工作,如簿记和交易交割办理。贝尔斯登向公司提供的条件也极为优厚,还向公司的好几位合伙人提供了个人融资,以增加他们对于长期资本基金的投资。但贝尔斯登并不是一盏省油的灯，它拒绝在不提供保证金的情况下，向长期资本基金提供更多的融资。

长期资本管理公司最想要的，是可以从贝尔斯登那里得到一份契约化的承诺，即便在长期资本基金遇到大麻烦的时候，贝尔斯登也一样会为该基金提供清算服务。但是，贝尔斯登对自己的安全性非常担心，因为如果它作出这样的承诺，它就要为哪怕已经资不抵债的长期资本基金提供清算服务，可能会赔上自己的本金。经过多次会议，双方达成了一个大致的协议：贝尔斯登基本上同意为长期资本基金提供持续的清算服务，条件是长期资本基金必须在贝尔斯登的账面上保持不低于5亿美元的保证金。

2.利令智昏

1996年，长期资本基金的收益率高达57％，扣除手续费和利润提成后的收益率也达到了41％。绝大部分收益来自利用财务杠杆进行的利差交易，包括日本公司可转换债券利差交易、垃圾债券利差交易、互换利差交易，以及意大利政府债券利差交易。长期资本基金的利润高达21亿美元，要比麦当劳、美林证券、迪士尼公司、施乐公司、美国运通公司、西尔斯百货公司、耐克公司、朗讯公司，或者吉列公司这些美国经营历史悠久、业绩最好、最著名企业所创造的利润都要高得多。

更加重要的是，长期资本基金的业绩波动幅度非常小。在1996年，长期资本基金没有任何一个月出现过超过1％的月度亏损。换言之，长期资本基金在赚取丰厚利润的同时，所承担的风险很小。该基金对分散交易这一策略的运用，几乎到了炉火纯青的地步。

当时，来自银行和竞争对手的大量资金，正在涌入对冲套利业务领域，这些增量资金迫使利差水平进一步降低。只要市场一出现利差，那些模仿者就会蜂拥而上。长期资本基金的合伙人被迫开始了新一轮的"跑马圈地"，和"不熟不做"的商业警言渐行渐远。但合伙人对自己的模型非常自信，他们越来越倾向于做一些流动性比较差、期限比较长的投资业务，以避开其他跟风者的抄袭。

为了为手中的大量资金寻找出路，长期资本基金贸然进入了商业物业抵押证券市场，几乎在一夜之间就改变了这个市场，使其年发行量从300亿美元一下子抬高到了600亿美元。尽管利差非常小，但公司能够利用的财务杠杆非常大,这一市场仍然有利可图。

长期资本基金同时对"双牌市场"上的配对股票交易(paired shares trade)非常感兴趣。所谓"双牌市场",就是一家公司同时有两种不同的股票在市场上挂牌。配对股票交易并不是真正意义上的对冲套利交易,但长期资本基金已经没有这样的耐心了,他们总共找了 15 对可以进行配对交易的股票,以极大的手笔在这一领域展开搏杀。

长期资本基金最喜欢的是荷兰皇家壳牌石油公司的股票,由两家上市公司控股,即荷兰的荷兰皇家石油公司和英国的壳牌运输公司。尽管这两家公司的全部收益均来自同一个利润源——荷兰皇家壳牌石油公司,但从历史上看,英国壳牌运输公司的股价一直要比荷兰皇家石油公司低 8％左右,而且,英国壳牌运输公司股票的流动性也要差很多。长期资本基金认为随着欧洲一体化的不断发展,这两家公司的股票价格会趋于一致。长期资本基金在这两只股票上整整押上了 23 亿美元,一半买进英国壳牌运输公司的股票,一半抛空荷兰皇家石油公司的股票。当时,高盛公司也在做同样的交易,但长期资本管理公司的交易规模比高盛公司整整大了 10 倍。

长期资本基金开始大量参与购并题材股票的套利交易。由于购并成功取决于很多因素,购并套利者必须对购并双方所有的一切——所处的行业、财务状况、反托拉斯及其他法规,以及市场基本面等——都有非常清晰而完整的了解。这种交易需要非常广泛的知识和经验,在购并套利交易中,优势并不在长期资本基金一方。除了哥伦比亚广播公司之外,长期资本管理公司持仓数量最大的购并题材股票是 MCI(美国微波通信公司)。但是,西屋电气公司购并哥伦比亚广播公司和英国电信公司购并 MCI 这两大购并,都需要得到政府的批准,而等待批准的时间又都比市场预期来得更长。在西屋电气公司购并哥伦比亚广播公司案例中,长期资本管理公司持续不断地买进哥伦比亚广播公司的股票,将该公司的股票价格一路推高,甚至比西屋电气公司的购并出价只低 62 美分。而长期资本管理公司在这一购并案上的财务杠杆达到了 20∶1,而且没有对这一购并案做过深入的研究。

在日本,长期资本管理公司做了一笔引起很大争议的交易。1997 年,日本长期国债的收益率达到了 2％的极低水平,长期资本基金下了一笔很大的注，单边赌收益率会上升，而不是对冲套利交易。

对于风险套利交易，公司内部的争论变得越来越激烈，但是麦利威瑟把人情看得比资产组合更重，他并对没有两位交易主将劳伦斯·希利布兰德和维克多·哈格哈尼决定的交易进行干预，这对于一个风险管理者来说，是一个致命的错误。长期资本基金在风险套利领域没有足够的经验，财务杠杆又极大，这是一个风险极大的业务组合。

3.关于金融模型与风险

长期资本管理公司试图最大限度地追逐利差。在他们看来，这些利差反映了市场对未来价格波动幅度风险的错误看法，而这种风险是他们考虑的唯一因素。公司所采取的这种战略，直接来源于布莱克-斯科尔斯期权定价公式。

对于费舍尔·布莱克、罗伯特·默顿和马尔隆·斯科尔斯来说，金融市场的价格变化是随机的，没有任何人能够对某一特定的价格作出预测。但在一个足够长的时间段中，这些价格分布与任何其他随机事件的分布是一样的。期权定价公式有一个非常关键的假设：单种证券的价格波动幅度是不变的。默顿将这一假设更向前推进了一步，他认为，价格波动幅度是持续不变的，所以，交易价格具有"时间连续性"，换言之，价格是不应该出现跳跃的。在正常情况下，交易员可以在毫无风险的前提下，对价格的异常变化进行套利。

具有讽刺意味的是，1987年，一种被称为"证券组合保险（portfolio insurance）"的投资工具被推介给各大机构投资者，以使这些机构投资者可以在市场一路下跌时，通过持续不断的抛空，将损失降至最低。但是，正是在这种证券组合保险的推波助澜下，本来已经非常脆弱的市场崩溃了，最终造成了令世人难忘的"黑色星期一"。10月19日那一天，市场表现非常缺乏"连续性"，想通过证券组合保险一路抛空以减少损失的人，根本就无法跟上整个华尔街的恐慌性抛售的步伐。

默顿的无风险套利假设，是长期资本管理公司对冲战略的最重要理论基础。但是套利交易所具有的风险，远比标准的金融模型所揭示的要大，如果噪声交易者（noise trader）将证券价格推离其真实价值越来越远，特别是流动性比较差的证券,由于没有交易对手,这样的背离会越走越远,长此以往,长期资本基金就会面临灭顶之灾。

第一位金融学的诺贝尔经济学奖得主、大名鼎鼎的保罗·萨缪尔森认为,"时间连续性"仅仅是一种理想化的状态,在实践中,交易员们动辄用秒、分、小时,来对所发生的事件进行分析并作出反应。当他们无法对事件作出准确的分析和反应时,市场缺口就会打开。萨缪尔森甚至认为,布莱克-斯科尔斯期权定价公式所强调的确定性,取决于布莱克和斯科尔斯在建立期权定价公式时是如何在大千世界的万事万物中取样的。事实上,是所选取的样本给出了这样一个对数常态分布的过程。

在市场上,我们永远不能保证样本是完整的。20世纪20年代的交易世界是一个样子,而大萧条之后的交易世界又是另外一个样子,到了20世纪70年代的高通货膨胀时期和90年代的泡沫经济时代,情况再次发生了极大的变化。在这些变化中,究竟哪个年代的情况是"常态"呢? 又怎么能够知道下一个阶段会如何变化呢? 一个国家和地区是如此,一个公司也是这样。

20世纪60年代初,尤金·法玛曾写过一篇关于道·琼斯30种工业股票指数成份股票价格变动的论文,他发现了一个重要的现象:对于每一种股票来讲,价格变动至极端值的时间,要远远多于常态分布下应有的时间。他说:"如果价格分布群是严格按照常态进行分布的,那么,平均来说,每一种股票……一个偏离中间值5个标准差的观察值,每七千年才会出现一次。但事实上,这样一个观察值每3～4年就会出现一次。"尤金·法玛警告说,在现实生活中,人们遇到的都是"时间上不连续"的价格变动,也就是那些非常恶劣的跳跃式价格变动,而且,发生亏损的概率会更大一些。

金融市场出现极端值的概率,要比发生"百年不遇"的暴风雨的概率大得多。随机事件最关键的条件在于,在掷硬币时,所有的投掷都是独立于前一次的,硬币不会记得前3次掷出的是人头还是字,下一次,掷出人头的概率依然是50%。但金融市场是有记忆的,一种趋势得以延续,是因为交易员们希望(或害怕)这种趋势继续下去,他们相信,其他人也会如此行事。这种交易动力与估值没有关系,也与市场理性背道而驰,但这就是人性。在罗伯特·默顿的"时间连续性金融"理论中,这种人性的表现是完全阙如的。

（五）压倒骆驼的一根根稻草

1.自断双翼与贪婪

1997 年的夏天，长期资本管理公司得到了一个坏消息：经过重新谈判，MCI 与英国电信公司购并案的价格低了许多。MCI 的股票马上狂跌，一夜之间，长期资本基金就亏了 5 亿美元。尽管如此，1997 年的 9 月份仍然是长期资本基金业绩最为辉煌的一个月份，他们整整获得了 3 亿美元的利润。然而，长期资本基金的远景依然不甚明朗：利差水平已经大为缩小了，好的投资机会越来越难以找到。欧元的启用只是时间问题，在欧洲能够赚到的钱，也早已落袋为安了。而随着边界的消失，意大利政府债券和德国政府债券之间所存在的利差，只用了短短 6 个月时间，就从 2 个百分点缩小到了3/4个百分点。

长期资本管理公司的计划是：到 1997 年年底，将 1994 年开业之前投入长期资本基金的原始投资在该年度所获得的全部利润，以及以后投入的全部资本金及其应分配利润，一次性全部退还给投资者，但长期资本管理公司及公司员工的投资不在此列。此外，也不包括那些比较大的战略投资者，如台湾银行等。长期资本基金清算经纪行贝尔斯登的首席执行官詹姆斯·凯恩也不在此列。所有投资者都要求将他们的钱留在长期资本基金之中，但无一例外地被长期资本管理公司拒绝了。这些投资者对公司的这一决定极度愤怒，认为长期资本管理公司无视投资者的利益，一心只为自己的利益考虑。

事后看，外部投资者当初苦苦哀求留在长期资本基金的举动极具讽刺意味，他们被迫撤回自己的资金，反而成就了一个千载难逢的兑现收益的机会。事实证明，一旦长期资本管理公司有了可以在全世界范围内进行运作的规模和资金实力，他们就开始对为他人管理资金获取利益这件事不感兴趣了。有意思的是，长期资本管理公司甚至对自己员工用红利进行的转投资收起了管理费。合伙人们之所以这样做，只有一个原因——贪婪。但他们最后伤害的，恰好正是他们自己。

长期资本基金的资产规模并没有一丝一毫的缩减，他们在退钱的时候，利用的财务杠杆却扩大了许多。并且，长期资本管理公司的合伙人再一次利用财务杠杆,扩大了自己在长期资本基金当中的份额。现在,他们通过个人财务杠杆、公司财务杠杆,以及基金本身财务杠杆三位一体的相互关系,极大地同时也是极其危险地扩大他们的资金规模。

1997 年年底,长期资本基金的财务杠杆,从 18∶1 的水平火箭一般地上升到了 28∶1(依然不包括金融衍生工具交易)。在市场机会几乎丧失殆尽,本身又拥有 7600 宗交易的情况下,进一步扩大自身的财务规模,以很少的权益资本撬动巨大的投资组合头寸,在风险莫测的市场里搏杀,无异于引火自焚。

2.荣耀巅峰的诺贝尔经济学奖和风雨飘摇的 1997 年年底

1997 年 10 月份,罗伯特·默顿和马尔隆·斯科尔斯荣获诺贝尔经济学奖! 默顿谦逊地警告说:“知道如何预测风险,就可以消除风险的想法,是绝对错误的。”而斯科尔斯介绍说:“我们的工作就是在全世界范围内寻找最合理的投资机会,我们的模型能够很轻松地找出那些定价过高或者过低的交易品种。然后,我们就会对一些不确定的因素,如一些市场因素,进行对冲,以达到规避风险的目的。”有意思的是,出身于象牙塔中的学者,似乎比那些老练的交易员对风险更加敏感。斯科尔斯决定不把他获得的 50 万美元的诺贝尔奖奖金投入长期资本基金中去。不管是默顿还是斯科尔斯,他们都把自己的生活安排得很好。与其他富有的合伙人相比,他们两位的财富要少得多,因而也没有像那些身家高达数百万美元的合伙人那样,最终受到巨大的伤害。

当时,亚洲货币和股票市场,是一片山雨欲来风满楼的景象。1997 年 10 月 1 日,印度尼西亚盾一天之内就下跌了 6.5％,马来西亚林吉特也下跌了 4.5％,菲律宾比索则下跌了 2.2％。两天之后,印度尼西亚盾再次下跌 8.5％。拉丁美洲市场也开始受到影响。到了 10 月底,亚洲很多大公司开始无力清偿其到期债务本息,随后国际炒家开始将目标对准香港港元,中国香港特区政府震怒,果断地将隔夜拆借利率提高了 300％。一周之内,香港股市急剧下挫 23％。

美国投资者也开始担心,亚洲金融危机有可能会演变成一场全球性的经济衰退。1997 年 10 月 27 日星期一,中国香港股市下跌了 6％,纽约证券交易所一开盘,大量抛盘就迫不及待地涌了出来。此情此景,和10年前的"黑色星期一"根本就没什么两样。这一天,道·琼斯指数整整下跌了7%。

1997年10月和11月,长期资本基金的业绩好不容易打平。1997年,长期资本基金竭尽全力,实现了25%的收益率,扣除公司收取的费用后,这一收益率只有17%,这是长期资本基金成立以来收益最差的一个年份,但考虑到越来越恶化的全球市场状况,这一收益水平是相当不错的。

1997年圣诞节前夕,标准普尔调降了俄罗斯政府债券的信用等级。不过,当时这一消息并未引起人们的注意!

3.明星的陨落

长期资本管理公司抛空股票期权的价格,是以市场价格每年的波动幅度为19%作为基准的。随着期权价格的上升,长期资本管理公司持续不断地抛空,而其他证券公司或投资银行则少量抛空。市场价格的波动幅度每增加一个百分点,长期资本基金在美国和欧洲市场上的损失就会各增加4亿美元,占到全球市场损益的1/4。摩根士丹利添惠为此给长期资本管理公司起了一个外号——股票波动幅度交易的"中央银行"。长期资本基金大肆抛空那些质地优良的大公司,比如微软、戴尔、通用电气等公司的看涨期权,甚至还大量抛空了巴菲特的伯克希尔·哈撒韦公司的股票。

根据模型,长期资本基金单个交易日所蒙受的损失,无论如何不会超过4500万美元,对于一家资金总额百倍于此的公司来讲,这一损失是可以接受的。该基金连续蒙受巨额亏损,比如在一个交易月中亏掉其资金总额40%的概率几乎不存在。然而,由于寻找合适的投资方向的压力越来越大,长期资本基金开始涉足那些难以捉摸、风险也相应很大的市场,如巴西和俄罗斯的债券市场,以及丹麦的不动产抵押债券市场。

1998年4月底,美国30年期国债的收益率跌破6%,信用等级为A的公司债券,其利差水平也从年初的75个基点,跌到了区区60个基点。这种利差水平不断缩小的现象,为长期资本基金的资产损益表打了一剂强心针。市场利差水平降到了最低点,反映出市场信心达到了最高峰。第一季度表现平平的长期资本基金,4月份获得了接近3%的盈利,其资产总额也达到了创纪录的1340亿美元。然而,市场将遇到麻烦的征兆还是慢慢地显现了出来,尽管开始时这种征兆很零乱、很不起眼,彼此之间似乎也没有什么关联。

　　5月,与长期资本管理公司使用模型得出的预测结果相反,利差水平变得越来越大了。在债券上进行套利的投资者,大都出现了亏损,更糟的是,这种情况引发了一轮持续的抛压。5月底,俄罗斯央行决定,将卢布银行利率提高3倍,以阻止资金外逃,俄罗斯的金融体系事实上已接近土崩瓦解。国库券和其他债券品种之间的利差,开始变得越来越大。1998年5月,成为长期资本基金有史以来最黑暗的一个月份,其资产总额损失了6.7个百分点。

　　雪上加霜的是,长期资本管理公司表现非常活跃的所有市场,都出现了这种利差不断扩大的现象。投资者开始强调安全性,他们愿意以更高的代价购买国库券,同时卖出那些风险较大的债券。不动产抵押债券与国库券收益率之间的利差,从96个基点上升到了113个基点,公司债券与国库券之间的利差,也从99个基点上升到了105个基点,而垃圾债券与国库券之间的利差水平,更是从224个基点上升到了266个基点,甚至连一向比较安全的非当期公债与国库券之间的利差,也从6个基点上升到了8个基点以上。总之,高风险债券的市场溢价已经全线上升,长期资本基金在每一个市场上都出现了大幅亏损。与此同时,股票期权价格出现大幅上扬,股票期权的价格波动幅度上升到了27%的高水平。1998年4月,美国当时的互换利差在48个基点左右,这时也扩大到56个基点,而英国和德国市场上互换利差的水平,也出现相同的扩大趋势。1998年6月,长期资本基金的资产亏损10个百分点。从整个1998年上半年来看,长期资本基金的资产总额总共亏损14%之多,这是该基金有史以来第一次出现持续性亏损。

　　事实上,长期资本管理公司也卖出了不少资产,以适应其日益捉襟见肘的现金流。但出售规模小,并且主要出售与价格直接涨跌相关的部分交易品种,仍然保留其主要的、与利差缩放相关的交易品种,更有甚者,他们还对这些品种进行了增持。总体来说,长期资本基金的资产从1340亿美元下降到了1280亿美元,其财务杠杆则达到了令人恐惧的31倍。

　　1998年8月中旬,长期资本管理公司进一步增加了俄罗斯债券的持有量,大部分债券根本就没有对冲过,这已经完全偏离了公司一贯的做法。1998 年 8 月 17 日,星期一,俄罗斯政府宣布,他们将延期偿还所欠的所有债务,并且不在海外市场上支撑卢布汇价! 墨西哥和巴西债券应声而跌,日本和其他新兴金融市场的地位也被进一步动摇;而在美国,道·琼斯指数不跌反升,日升幅高达 150 点。1998 年 8 月 20 日,星期四,全球市场一片狼藉。东欧和土耳其股市极度低迷;委内瑞拉的加拉加斯股票市场大跌 9.5%,人们纷纷抢购美元;巴西股指下跌 6%;德国股市也应声下跌了 2%。

投资者不仅从新兴市场大举抽身,也开始从所有可能出现投资风险的市场上撤退。在英国,巴克莱银行将抛空的互换利差合约一律平仓,巴克莱银行不顾一切远离风险之地的举动,令原本已经高高在上的互换利差雪上加霜。在全世界的每一个市场,投资者只要一样东西,那就是安全性最高的债券:在美国,是 30 年期国债;在德国,是 10 年期政府公债。市场的疯狂导致市场信用利差越来越大,1998 年 8 月 21 日,互换利差的振幅达到了 20 个基点,平时这个振幅只有 1 个基点左右。当天收盘时,美国的互换利差达到了 76 个基点,比 4 月份的 48 个基点上升了 28 个基点,比 7 月份上升了 12 个基点。这一天,长期资本基金在所有的市场上全军覆没,抵押债券的利差扩大为 121 个基点,高收益债券的利差上升到了 276 个基点,就连非当期债券的利差也上升到了 13 个基点。这一天,长期资本基金亏损 5.53 亿美元,占其资金总额的 15%。这意味着,长期资本基金的资金总额已经从年初的 46.7 亿美元,直线下降到了 29 亿美元!

更糟糕的是:长期资本基金所持有的资产的市场需求根本不存在! 约翰·麦利威瑟和其他高级合伙人倾向于这样一种策略——吸收新资金,充实长期资本基金,等待市场出现转机。然而,与巴菲特、索罗斯以及美林证券等等的联系,因双方诉求各异,仓促之间均无疾而终。

1998 年 8 月 31 日,星期一,中国香港特区金管局,突然宣布不再对证券市场提供支持。当天,香港股市大跌 7%,全球市场又是一片腥风血雨。长期资本基金重兵压阵的市场,是此次崩盘的重灾区,其股票价格波动幅度突破 30% 大关,投资级债券的利差水平更是在一天之内从 133 个基点上升到了 162 个基点。那一天,整个债券市场就好像根本没有人在进行交易,流动性消失得无影无踪。

　　整个 8 月份,长期资本基金损失了 19 亿美元,相当于其资本总额的 45％,其资本余额只剩下 22.8 亿美元,而其资产组合却风险依旧。现在,该基金的资产总额高达 1250 亿美元,比其净资产整整高了 55 倍! 这还不包括它所拥有的巨额金融衍生工具。

　　1998 年 9 月 2 日,长期资本管理公司向其所有基金投资者发出了一份机密传真,而其中的一位投资者将这份传真透露给了金融新闻社的布隆伯格,后者又将之公布于众,此时,甚至还有一些投资者尚未收到这份传真。这一消息的走漏,给了长期资本基金致命一击。

　　由于到处筹措资金,公司被迫向外界透露了一部分持仓情况,有时甚至还不得不将自己整个的资产组合对他人进行说明。不出意料的是,华尔街的交易员像逃离即将沉没的破船一样,争先恐后地逃离长期资本基金重仓持有的品种。因此,长期资本基金的交易筹码,比任何其他证券都跌得深。长期资本基金巨大无比的仓位,使得它陷入了一个进退两难的绝境,只要他们将其某一持仓量巨大的品种,比如互换利差的一小部分向市场抛售,整个市场的价格就会一落千丈,从而使这一品种其余部分的价值,也随之大大下降。

　　1998 年 9 月 10 日星期三,是一个惨不忍睹的日子。这一天,互换利差再度攀升了 7 个基点,与此同时,其他利差也都有不同程度的上升。这一天,还发生了另外一个惨剧:全球星公司(Globalstar)一枚载满 12 颗通信卫星的火箭脱离轨道后爆炸,所有的通信卫星在片刻之间烟消云散了。而长期资本基金正好也持有全球星公司的债券。

　　此时,长期资本管理公司的合伙人能够指望市场发生逆转的,只有三件事情了:一是美国国会能够批准向国际货币基金组织提供更多的资金援助;二是国际货币基金组织能够同意向巴西提供援助;三是艾伦·格林斯潘宣布降息。9 月 15 日,乔治·索罗斯在众院银行委员会做证时警告说,俄罗斯所发生的危机很可能导致出现全球性的信用崩溃,并对银行“努力培育一条金融衍生工具交易链”进行了猛烈抨击。第二天,艾伦·格林斯潘也来到同一个地方做证,他表示,绝不会在这个时候考虑降息。

9月21日这一天,长期资本基金整整损失了5.53亿美元,其资产净值只有不到10亿美元了,即使将金融衍生工具交易剔除在外,该基金名下的资产依然高达1000亿美元之巨,其财务杠杆已经达到了100∶1,只要长期资本基金再出现哪怕只有1%的亏损,破产就不可避免了。

9月22日星期二,长期资本基金再次蒙受了巨额亏损,这一天的亏损额达到了1.52亿美元。

然而,此时长期资本基金的资产规模还有1000亿美元,如果加上金融衍生工具交易的话,其拥有的各类交易规模超过10000亿美元,这些合约又在华尔街几乎每一家银行,无休无止地扩展出无穷无尽的合约,而所有合约都在赌一件事——证券市场价格的涨跌。如果长期资本基金倒闭而无法履行合约,那么华尔街的众多银行将立即成为合约的单方面持有人,他们将马上陷入不可能承受的巨大风险之中。

在纽约联邦储备银行总裁威廉·麦克多诺的主导下,经过无数次的争论、妥协,最后银团和长期资本管理公司达成了救助协议,由14家银行组成的银团将向长期资本基金注入36.65亿美元的资金,作为交换,该银团将获得长期资本基金90%的权益,而其余10%、价值约4亿美元的权益,则归长期资本基金现有投资者所有。但是,长期资本管理公司合伙人所享有的权益,将被他们本人及长期资本管理公司所积欠的债务所抵消。至少在未来的3年之内,长期资本管理公司的管理费将被大大降低,而且,交易的自由度也将受到严格的限制。而银团将以1美元的象征性价格,受让长期资本管理公司一半的股权。

（六）再回首已是百年身

1.烟消云散

1998年9月29日,星期二,也就是救助行动开始实施的第二天,艾伦·格林斯潘宣布降息。就在救助行动开始实施之时,美国互换利差扩大到了96.5个基点,英国的互换利差也上升到了120个基点。与此同时,长期资本基金在8%的利差水平买进的荷兰皇家石油公司和英国壳牌运输公司的股票,其利差水平更是扩大到了22%！德国大众汽车公司的两种股票之间的利差水平,同样也达到了60%,长期资本基金购买时的水平还只有40%,而且还在继续扩大。长期资本基金的跌势并没有止住,在此后的两个星期当中,参与救助长期资本基金的银团共损失了 7.5 亿美元。

长期资本基金的所作所为,对华尔街产生了极大的负面影响。在交易策略上他们对于长期资本基金的模仿,是这些银行真正的风险所在。对于美林证券来说,1998 年 8—10 月,绝对是该公司历史上的滑铁卢,其股价下跌了三分之二。

10 月 15 日,美联储宣布再次降息。此举表明,艾伦·格林斯潘将会持续不断地降息,直到整个金融系统的流动性恢复到正常为止。股市应声暴涨,债券利差几个月以来首次出现了收缩,而债券对冲套利交易也获得了可观的赢利。长期资本基金终于化险为夷了。经过了长达六个月的痛苦、震惊、折磨,差一点全军覆没之后,长期资本基金终于止住了亏损,而这时已经整整亏损 50 亿美元。一场凶猛的金融风暴,终于过去了。

长期资本基金绝大多数的外部投资者大都全身而退了。在这些投资者当中,38 名最早投资长期资本基金并在 1997 年底被迫赎回其全部资金的投资者,是最为幸运的。在他们投资长期资本基金的 4 年当中,平均每年获得了 18% 的投资回报率。另外,在 1998 年危机发生之前,还有三十多位投资者将他们在长期资本基金中的投资全额套现,他们的收益就更加可观了。

而一些待遇比较优惠、获准在长期资本基金中保留较多投资的那些外部投资者,最后反而都亏了钱。最具讽刺意味的是,贝尔斯登首席执行官詹姆斯·凯恩和美林证券董事长戴维·科曼斯基也是这些亏损者之一。

在所有与长期资本管理公司进行过业务往来的银行中,约有 12 家银行勉强获得了 1 位数的回报,而另外 12 家银行,包括瑞士联合银行、瑞士信贷第一波士顿银行、德累斯顿银行等,则蒙受了很大的损失。

长期资本管理公司员工们的报酬,主要来自年终的奖金。他们大都将这部分奖金作为投资,投进了长期资本基金之中,最后都落了个血本无归。

长期资本基金总的损失还是非常惊人的,如果将长期资本管理公司收取的费用加以扣除的话,最初投入长期资本基金的每 1 美元,增值到了2.85 美元。但到救助行动开始的时候,这 1 美元投资就只有 23 美分了。从投资净值角度,这个有史以来最伟大的对冲基金,将其每 1 美元的投资亏掉了 77 美分,而在同一时间，一般的股票投资者都将他们的投资整整翻了 1 倍。

1999 年 9 月 28 日，救助行动刚好满一周年。美国互换利差水平还保持在 93 个基点的水平之上，股票波动幅度在 30％左右，比长期资本基金进入这两个市场时的水平来得更高。在救助行动开始后的第一年，长期资本基金获得了 10％的利润，随后，参与救助银团的各家银行纷纷赎回了他们的 36.5 亿美元的投资，并加上了一些利润。从 2000 年年初开始，长期资本基金开始清盘套现。

2.长时间无保护高空走钢丝

如表 3-2 所示，对长期资本基金从 1998 年 1 月到出现崩盘这一段时间内，不同交易品种上的亏损进行比较，可以发现长期资本基金最为惨重的亏损发生在互换利差交易和股票波动幅度交易上。

表 3-2　长期资本基金 1998 年各交易品种亏损额

单位：亿美元

交易品种	亏损额
俄罗斯及其他新兴市场	4.3
在发达国家进行的直接交易（如直接抛空日本债券等）	3.71
股票配对交易（如大众汽车和壳牌石油）	2.86
收益率曲线对冲套利交易	2.15
标准-普尔 500 种股票指数交易	2.03
高收益债券（垃圾债券）	1.00
购并对冲套利交易	基本持平
互换利差交易	16
股票波动幅度交易	13

注：数据来源于罗格·洛温斯坦（2006）。

对于长期资本基金而言，这两种品种交易仓位的庞大程度，将该基金赖以生存的市场效率完全毁掉了。如果一个企业财务杠杆极度放大而流动性又很差，这种投资无异于长时间无保护走钢丝。也就是说，你对市场的预测必须是绝对正确的，而且，还必须保证每一天都准确无误！

3.一声叹息

在救助行动后的一年,斯科尔斯在一次讲话中辩解道,当时信用等级很低的债券的利差水平,已经扩大到仅仅用违约风险根本就无法解释的程度了。他认为,这种利差当中一定有某种"流动性利差"存在,也就是投资者为持有较好的证券而愿意付出的溢价。斯科尔斯表示,他现在对学术界和实际工作部门没有把这种"恐惧压力下的市场流动性丧失因素"纳入模型,也没有对这一因素可能对市场价格造成的影响进行深入探讨,感到非常非常的遗憾。

也有很多长期资本管理公司的员工在解释危机发生的原因时,认为是遇到了一次百年不遇的"大风暴"。在金融历史上,非同寻常的价格波动的"肥尾"现象层出不穷。1998 年第四季度至 1999 年年初,在新拥有者的主导下,长期资本基金吃完了最后一顿丰盛的晚餐。到了 1999 年夏天,美国互换利差再次急剧扩大,达到了 112 个基点,甚至超过了上一年的最高点。百年不遇的特大"风暴",两年之中出现了两次!

艾伦·格林斯潘承认,对长期资本基金所采取的救助行动,事实上对人们将来更加大胆地涉足风险起到了一个不良的鼓励作用,肯定会带来某些道德风险。但是,格林斯潘依然认为,这种负面影响根本不能与长期资本基金突然倒闭所引起的市场价格极度扭曲可能造成的风险同日而语。

模型能够告诉你的,是你从历史数据中可以得到的,而未来并不一定完全重复过去。在市场交易中,投资者并不总是理性的,他们实际上很容易受到其他人的影响,羊群效应可能导致极端价格持续很长时间。

很多教科书假设套利是零投入、零风险的。而事实上,几乎一切的套利行为都需要资本投入,并且是有风险的。李勉群等(2019)将套利定义为对信息的交易,这种交易的目的是从资产定价的非有效中获利。在这一定义下,套利要求付出高昂的信息购买成本,并常常伴有风险。综合长期资本管理公司的套利行为和套利结果来看,李勉群等(2019)对于套利的定义才更准确地描述了长期资本管理公司的崛起和陨落。

第三节　赢家通吃、运气与超级预测者的秘密

　　赢家通吃，是市场竞争中的一种现象。一个企业在获得了比较明显的领先优势之后，就会有更多的机会取得更大的进步和成功，而其他弱势方会变得更加弱势，甚至完全退出。最后，胜利者获得所有的或绝大部分的市场份额。就像自然选择一样，它淘汰那些最不适应给定环境者，并且只奖励那些最适应它的人。圣经《新约·马太福音》说："凡有的，还要加倍给他，叫他多余；没有的，连他所有的也要夺过来。"这是与赢家通吃类似的马太效应。

　　马太效应或赢家通吃结果的最开始的领先优势，往往是偶然事件所导致的。而把赢家和陪跑者分开的往往只是运气。在创办公司、实现盈利和公司上市的过程中，很多环节都可能出现问题，即使企业家做的每件事都是正确的，成功仍然取决于其公司躲避各种厄运（比如早期客户项目的取消、关键员工的离职、经济衰退等）的能力。只有一小部分新企业——占总量的5％～10％——对经济增长或就业创造具有较大贡献，或者有潜力向所有者提供大额回报。考夫曼基金会的一项调查结果显示，73％的企业家认为好运是他们创业成功的重要因素。科技创业公司的经营有点像玩彩票，没有人会声称彩票的收益是由中奖者的边际生产率决定的。熟悉科技世界的人都明白，比尔·盖茨的巨大财富在很高程度上归功于时机、好运和竞争对手的失误。我们应该质疑这样一个模型——盖茨的工作价值达数十亿美元，而现代互联网的发明者蒂姆·伯纳斯-李所作出的贡献，则由于其从未建立一个公司而几乎一文不值（郭庾信，2022）。

　　泰特洛克于2005年发表了他的实验结果——一本叫《专家们的政治眼光》的著作。这个实验令专家们尴尬的是，名声越大的人预测得越糟糕。除此之外，无论这些专家持什么政治观点、从事什么职业或专业水平有多高，在对未来的设想方面，他们的水平半斤八两，都没有什么远见。

　　超级预测者是怎么来的？事实证明，这些人的神机妙算与他们的专业、

智商没有关系,但超级预测者们身上的确有一些共同点。

第一,专门的培训确实可以有效提高预测的准确率。心理学家丹尼尔·卡尼曼提出了"外部视角和内部视角"概念,让大家了解基准概率的意义。理想状态下,决策者或预测者会将外部视角和内部视角结合起来,也就是统计数据加上个人经验。但最好从统计的观点,即外部视角开始,然后根据个案的具体情况进行判断,而不是反过来。如果从内部视角开始,没有真正的参照系,也就没有尺度感,往往会得出相差10倍这样太大或太小的概率值。

第二,有据可查很重要。超级预测者们会仔细记录他们的预测,然后不断根据事实矫正他们的预测错误,从而使预测越来越趋近事实。

第三,超级预测者们往往会随着新情况的发生而不吝惜修改他们的预测,这表明接受新的证据很重要。超级预测者们比别人算得准,不仅仅他们有大把的时间,会广泛收集信息,还因为他们会见风使舵地不停修改他们的预测。即使比赛规则要求只有一次预测机会,超级预测者们也会比别人预测得准。

第四,也是最关键的一个因素,即超级预测者们灵活的思想、开放的心态。超级预测者们是心理学家所说的"与时俱进者",他们不会拘泥于单一的方法,在新的证据面前,改弦更张对他们来说不是难事,他们会把接受他人的不同意见作为学习机会。

凯恩斯和欧文·费雪一样,没有料到1929年的大萧条。但与费雪不同的是,他很快就东山再起了。原因在于他与时俱进,适时调整了投资策略。到20世纪30年代初,凯恩斯已经完全放弃对商业周期的预测,这位世界上最伟大的经济学家承认他无法揣摩市场的动向。

凯恩斯已经认清事实,他转向了一种不需要预测宏观经济走势的投资策略:"我现在越来越相信,正确的投资方法是把资金重点投到自己了解并认可其管理层的企业。"不用管经济的好坏,只要找到经营好的公司,投资它们的股票,它们自然会给你带来企业成长的良好收益,而你也不用费尽心机地去关注市场动向。这是凯恩斯在投资实践中得到的教训。

为什么欧文·费雪就那么难回头呢?关键在于,费雪之前没有撞过南墙,他一直都是屡战屡胜。他成功预测了20世纪20年代的经济繁荣,预判了股市的飙升,并大胆用杠杆押注,获得了丰厚的回报。费雪经常宣扬自己的投资理念，认为市场会一直上涨。费雪最大的问题，是他相信，人类终归是可以预知未来的。他曾写道："睿智的商人总能先人一步，看到别人还没有看到的东西。"这与凯恩斯关于长期预测的著名论调正好相反。凯恩斯说："没有科学依据证明我们可以计算出某些事物将出现的概率，至少我没听说过。"

经济史学家西尔维亚·纳萨尔在谈到费雪时说："他的乐观、过度自信和固执害了他。"凯恩斯能够从善如流，费雪却做不到左右逢源。

数据的收集和分析无疑能够帮助我们了解世界的本真，在预测中，离不开高质量的数据收集和处理。但同时，我们也会经常搞错，不仅仅是因为没有数据或者分析得不够准确，而是我们在很多时候拒绝接受数据所呈现的事实。费雪的竞争对手之一，一位叫罗杰·巴布森的经济预言家不无惋惜地评论费雪为"当今世界最伟大的经济学家之一，也是贡献最大、最无私的公民"，但作为预言家，他失败了，"因为他认为世界整体是理性的，不是感性的"（蒂姆·哈福德，2022）。

我们也许不是很理性的生物，就如凯恩斯所说，我们被我们自己的动物精神所控制。在人类漫长的进化过程中，人脑结构的主要目的并不是经济理性，而是生存，也许恐惧、贪婪、快乐和痛苦等等才是金融行为的主要驱动力，管理情绪对于作出良好的财务决策至关重要。

霍华德·马克斯（2019）认为，在投资中，要想取得市场平均业绩非常容易（比如说通过指数投资），但是要超越市场平均业绩却非常困难。他说，我们根本无法知道未来"宏观面"会如何，比如未来的经济、市场、地缘政治情况。要想比别人更好地预测未来、获得更好的投资业绩，需要质量更好的数据，需要将手中的数据分析得更透彻，需要知道基于数据分析应该采取哪些更有效的行动以及坚定地把计划付诸行动。因此，投资与从事其他事业一样，越努力就越成功。

在实践中，我们也经历或见识了无数失败的预测，预测本身也许还有另外一面。正如洪灝（2020）所认为的，预测本身就是一种自我矛盾的行为：今天预测的结果需要在未来验证，但在未来到来之前，我们以当前的预测为基础的所作所为将改变未来的轨迹，最终很可能导致预测无法实现。换言之，预测的历史成绩越优秀，在未来实现的概率也就越小。

第四节　指数投资的启示

1982 年,三种不同的股票指数期货首次亮相,分别是基于纽约证券交易所综合指数、标准普尔 500 指数和价值线指数,随之而来的是跟踪它们的指数基金。指数基金只是买入并持有特定指数所涵盖的证券,并与这些证券在该指数中的比例保持一致。这显然是一种简化的投资方式,它改变了人们投资管理的方式。

金融的形式应该遵循金融的功能,现代股票指数至少有两个不同的功能。第一个功能是信息方面的,一个股票指数提供了一个快速和简单的市场总体投资表现的衡量标准,与任何个别成分股的特别收益相区分,以突显市场的经济驱动因素。这是 19 世纪 80 年代的股票指数本来的功能,现在也仍然是发布各种股票指数的原因。第二个功能与投资者有关,股票指数可以作为同主动管理者相比较的标准,如果这些投资经理略逊一筹,则股票指数可以作为投资的替代方案。

基于股票指数的功能,能够作为投资者投资标的的股票指数应该具有三个基本的特征。第一,它应该是透明的。这意味着股票指数的每个方面都应该是公开信息,并且可以由任何有兴趣的第三方进行验证。第二,它应该是可以投资的。这意味着投资者应该能够在短时间内投入大量的资本到投资组合中,实现股票指数呈现出的回报。第三,它应该是系统的。这意味着股票指数的构建应该是基于一定规则的,而不是依赖于任何随意安排或主观的判定(罗文全,2018)。

股票指数投资不关注成分公司的盈利、质量和长期发展,实际上,它是一种被动的投资。股票指数是市场所有走势的总和,股票指数投资的核心在于追求平均收益。约翰·博格是知名的领航集团(The Vanguard Group,Inc.,也译作先锋集团)的创始人,也是第一只股票指数型共同基金的创立者、美国基金业的先驱者。约翰·博格是少数一直维护普通投资人利益的人之一。他写的《共同基金常识》,充分表达了他对基金尤其是股票指数基金的看法，并且认为这些看法是投资者应该知道的常识，其主要的观点如下：

第一，当时间窗口从 1 年增至 25 年后，投机的短期影响力消退了，而投资回报率开始更紧密地（即便不是精确地）遵从投资的基本面因素：股息率和盈利增长率，这两个要素共同构成了股票回报率的驱动力。股票基础回报率和实际回报率的差异来自投机因素。投资是投资者对普通股估值的一种变化，这种变化可以用市盈率来度量。因此，约翰·博格认为，决定股市长期回报率的三个变量是：初始投资时刻的股息率、随后的盈利增长率和投资期内市盈率的变化。

第二，对于投资业绩来说，"均值回复"是必然的，试图通过不同的投资风格（比如成长股与价值股）、市值规模（大盘股与小盘股）、股票价格（高价股与低价股）、国际市场（美国股票与国际股票）等的选择以期获得超额回报，这在长期来看是徒劳的，并且主动管理型基金的各种成本将使其每年的回报率降低 2% 以上。约翰·博格认为，以极低的成本购买并持有广泛分散化的投资组合，是一种明智的长期投资策略，也是一种高回报的策略。指数化的核心理念是：全部投资者作为一个整体不可能超越整个股市的总体（无成本的）回报率。

第三，约翰·博格指出，共同基金业的基本原则是什么？是管理、分散化和服务。在这些原则中，管理最为重要。基金管理应该被定义为信托责任精神、专业竞争力和自律。将基金投资者作为份额持有人而不是顾客来对待，是向古老的信托责任原则的回归（约翰·博格，2017）。

约翰·博格（2017）认为，驱使领航集团不断前进的动力，在于领航基金诚实的结构、有效的指数化投资概念和经济的运营方式。博格也批评了美国基金行业的一些乱象，包括基金管理人单纯追求基金规模带来的管理费收入，以积极的营销取代有效的投资管理，甚至在投资者的资产出现严重亏损的时候，基金管理人依然攫取丰厚的管理费等。这些问题归结起来，就是基金管理公司更多地为其本身的利益服务，而在一定程度上背离了代投资者理财和为投资者服务的行业初衷。这些对于美国基金行业的批评，对于开始进入一个新的以质量提升和创新发展为重点的中国基金业，无疑具有良好的启发意义。

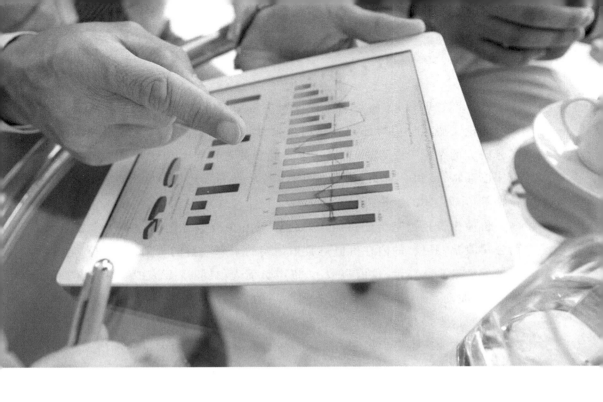

第四章　价值投资的完美实践及理论探索

在资产管理行业，权益估值在投资决策中发挥关键作用；在学术领域，大量的论文研究公司特征尤其是财务会计数据对于股票收益的预测作用，尽管研究的结论千差万别，但事实上其隐含的逻辑与本杰明·格雷厄姆、沃伦·巴菲特、彼得·林奇、约翰·邓普顿、马克·墨比尔斯和乔尔·格林布拉特等传奇人物的投资理念不谋而合。

价值投资是指基于公司的市场价格与内在价值之间的差距买卖股票，而公司股票（股权）的内在价值是股东预期的未来收益的现值。金融和会计领域的大量研究显示，估值乘数小、资产负债表稳健、现金流持续性好、盈利能力强、波动性低、贝塔值低、破产风险小的公司，实际上带来更高的未来股票收益。这类横截面收益模式统称为"价值效应"，它是由哥伦比亚大学著名学者本杰明·格雷厄姆于1934年提出的，并被随后的大量学术研究所证实。在实践中，本杰明·格雷厄姆的学生沃伦·巴菲特将价值投资发扬光大。在巴菲特的带领下，伯克希尔成为一家成功的投资公司，1965—2022年，伯克希尔每股市值的年化收益率为19.8％，1964—2022年伯克希尔的市值增长率近3.79万倍。2008年，巴菲特位列《福布斯》2008年度全球富豪榜第一，成为全球首富；2023年，巴菲特以1060亿美元财富位列福布斯2023全球亿万富豪榜第五名。价值投资也成为世界范围内广为人知的投资策略。

一众价值投资的传奇人物在不尽相同的历史时期，对价值投资各有不同的理解和精彩纷呈的完美实践，价值投资内在的逻辑也许并没有本质的改变，但是对于价值和价值投资的理解也在与时俱进。

第一节　本杰明·格雷厄姆的聪明的投资者

本杰明·格雷厄姆（Benjamin Graham，1894—1976），1894年出生于英国伦敦，1914年，以荣誉毕业生和全班第二名的成绩从哥伦比亚大学毕业。其代表作品有《证券分析》（1934年出版）、《聪明的投资者》（1949年出版），被投资者认为是股市投资的"圣经"。

本杰明·格雷厄姆和戴维·多德(David L.Dodd)1934年写作《证券分析》(Security Analysis)的时候,正是经济大萧条时期,股票市场极其低迷,1/3的美国工业股票都在以低于清算价值的价格出售,许多公司的股价比它们银行账户上的现金价值还低。被誉为"价值投资之父"的格雷厄姆,在书中提出了一种以数学为基础寻找确定性的方法。当时,这个领域被动量投资(momentum investing)、图表分析、江恩三角和艾略特波浪理论(Elliot waves theory)等方法统治着。

1929—1932年大萧条期间,格雷厄姆的亏损接近70%,但他闯过了这一关。从1936年起直到1956年退休为止,他的格雷厄姆-纽曼公司的年收益率不低于14.7%,高于同期股票市场12.2%的整体收益率。

格雷厄姆(1999)认为:"内在价值是一个难以把握的概念。一般来说,它是指一种有事实——比如资产、收益、股息、明确的前景——作为依据的价值,它有别于受到人为操纵和心理因素干扰的市场价格。"但是他也并不十分认同内在价值是由盈利能力决定的这一论断,原因主要在于所谓的盈利能力必然意味着对未来结果的预期,从历史的收益数据是没有办法估算出未来收益的。

证券分析的目的,并不是要确定某一证券的内在价值到底是多少,而是需要搞清楚其内在价值是否足够——例如,足以为其债券提供保障,或足以证明应该购买这种股票——或者是否比市场价格高或低。出于这种目的,一个大概的、近似的内在价值数字就足够了。格雷厄姆的内在价值具有较大的灵活性,但对于不同的情况,内在价值表现出不同程度的明确性。

证券分析的主要障碍在于:(1)数据不足或不准确。格雷厄姆认为很少有故意伪造数字的情况出现,大多数是使用某种会计手段的结果,分析者要善加辨别。(2)未来的不确定性。格雷厄姆认为未来发展中的大部分是不可预测的,因此,以历史判断未来的做法可能更加有效。尤其是在分析高级证券时更加有用,因为它们相比普通股票变化的可能性要小得多;同理,这种做法在应用于分析那些具有一贯的稳定性行业的证券时也比较有效。最后,这种做法在正常情况下要比在局面变动频繁时更有效。(3)市场的非理性行为。从某种意义上讲,市场与未来一样不可捉摸。市场就像钟摆,永远在短命的乐观（它使得股票过于昂贵）和不合理的悲观（它使得股票过于廉价）之间摆动。

投资者在寻找那些价值被高估或低估的证券时，必须关心证券的市场价格。市场价格与证券的内在价值存在两个关系：市场价格经常偏离其内在价值；当这种偏离发生时，市场中会出现自我纠正的趋势。但是随着时间的推移，在价格向价值回归的过程中，必然会遇到新的价值决定因素有可能取代旧的决定因素，这个价值随时在发生改变。

证券价值的决定因素对价格的影响是部分的和间接的，因为它要通过人的感觉和决定才能产生作用。格雷厄姆认为："市场不是一台根据证券的内在品质而精确地、客观地记录其价值的计量器，而是汇集了无数人部分出于理性、部分出于感性的选择的投票机。"

格雷厄姆和巴菲特的投资哲学是以对市场本质的看法为基础的。格雷厄姆还给投资市场起了"市场先生"这么一个人格化的名字。1987年，在写给伯克希尔-哈撒韦公司股东的一封信中，巴菲特是这样形象地描写"市场先生"的：

> 本杰明·格雷厄姆，我的朋友和老师，很久以前就提出了对待市场波动的正确态度，我相信这种态度是最容易带来投资成功的。他说，你应该把市场价格想象成一个名叫"市场先生"的非常随和的家伙报出来的价格，他与你是一家私人企业的合伙人。市场先生每天都会出现，提出一个价格，在这个价格上，他要么会把你的股份买去，要么会把他的股份卖给你。
>
> 尽管你们俩所拥有的那家企业可能会有一些稳定的经济特征，但市场先生的报价却绝不稳定。很遗憾，这是因为这个家伙有一些无药可救的精神问题。有时候，他只能看到影响企业的积极因素。在这种情绪下，他会报出很高的买价，因为他担心你会把他的股份买走，夺去他的巨大收益。而在他沮丧的时候，他眼中除了企业和整个世界所碰到的麻烦以外，什么也没有。在这种情况下，他提出来的价格非常低，因为他害怕你把你的股份甩给他。

市场先生还有另外一个可爱的特征：他不在乎遭人白眼。如果今天的报价没有引起你的兴趣，明天他还会带着一个新价格回来。交易与否全在于你的选择。所以说，他的情绪越低落，对你就越有利。

但是，就像舞会中的灰姑娘一样，你必须留心仙女的警告或任何将变成南瓜和老鼠的东西：市场先生是来侍候你的，不是来指导你的；对你有用的是他的钱包，而不是他的智慧。如果他某一天带着特别愚蠢的情绪出现，你可以自主选择是给他白眼还是利用他，但如果你被他的情绪影响了，那将是灾难性的。事实上，如果你不敢确定你理解和评价企业的能力比市场先生强得多，你就不配玩这个游戏。就像玩纸牌的人所说：如果你玩了30分钟还不知道谁是傻瓜，那你就是傻瓜。

格雷厄姆区分了投资与投机，认为投资业务是以深入分析为基础的，确保本金安全，并获得适当的回报；不满足这些要求的业务就是投机。格雷厄姆的投资理念是以精算为基础的，他认为，华尔街从来不问"企业值多少钱"是令人难以置信的，这应该是考虑购买股票时要问的第一个问题。他依靠分析公开信息评估企业价值，主要信息来源是企业的财务报表。一个企业的账面价值是衡量其内在价值的基本依据，他的理想投资对象是那种市场价格远比资产变现额或清算价值要低的企业。

詹姆斯·雷亚（1977）提到他与格雷厄姆亦师亦友的友谊，以及两个人在格雷厄姆生前一直研究的一个简单的股票筛选策略。这一策略基于公司的基本面特征，符合以下10个特征的股票是值得投资的：

（1）收益价格比（earnings to price ratio）是AAA级债券收益率的2倍。

（2）股票市盈率在过去5年中低于所有股票市盈率的40％。

（3）股息收益率大于AAA级公司债券收益率的2/3。

（4）价格小于有形资产账面价值的2/3。

（5）价格小于流动资产净值的（net current asset value，NCAV）2/3。流动资产净值等于流动资产减去流动负债。

（6）债务权益比率（账面价值）必须小于1。

（7）流动资产大于流动负债的2倍。

（8）总负债小于净流动资产的2倍。

（9）过去十年中每股收益（EPS）的历史增长率大于7%。

（10）过去十年中盈余下降的年份不超过2年。

不难发现，前五个条件都是"廉价"的衡量因素，是当前股价低于财报信息所揭示的价值的股票。后五个条件与前五个不一样，它们不涉及股票价格，可以将其视为衡量公司是否"优质"的指标，格雷厄姆想要购买的是高增长、低杠杆、流动性好的公司股票。

格雷厄姆的这一选股策略是否有效？斯坦福大学MBA学生贝卡·莱文（Becca Levin）设计了基于格雷厄姆策略的更新版本，采用与格雷厄姆相同的基本指标，但更新了若干指标（例如，用自由现金流量收益率代替股息收益率；只要求盈利5年保持增长，替代之前要求的10年）。贝卡·莱文用1999年1月2日至2013年11月9日的美国数据对这一策略进行了回测。具体来说，公司每满足一个条件，就给该公司加1分；最好的公司是10分，最差的公司是0分。在每季度开始时，所有公司按照莱文-格雷厄姆得分高低分成10组。接着，计算所有这10组投资组合未来三个月的等权重收益率。结果表明：得分最高的平均两组年化收益率约为14%左右，而得分最低的平均两组年化收益率只有5%左右，同期的标准普尔中盘400指数的年化收益率只有8.5%（李勉群 等，2019）。

光靠分析数据，格雷厄姆不会知道股票未来的走势，并且他认为，未来的证券价格是根本无法预测的，所以他购买的股票有涨有跌，也有破产的。事实上，他会购买数十只这类股票，就像一家保险公司愿意为某个特定风险等级的所有成员承保火险一样，格雷厄姆也愿意购买某种特定类型的所有股票。格雷厄姆在价值投资中也很注重组合的分散化。

格雷厄姆认为投资成功的秘诀在于你的内心。如果你在思考问题时持批判态度，不相信华尔街所谓的"事实"，并且以持久的信心进行投资，你就会获得稳定的收益，即便在熊市也如此。通过培养自己的约束力和勇气，你的投资目标就不会被他人的情绪波动左右。

第二节　沃伦·巴菲特的价值投资

沃伦·巴菲特(Warren E. Buffett),1930 年生于美国内布拉斯加州的奥马哈市;1950 年考入哥伦比亚大学商学院,拜师于本杰明·格雷厄姆;1951 年获得经济学硕士学位,学成毕业的时候,他获得最高成绩 A$^+$。巴菲特是价值投资的代表性人物,被世人称为"股神"。

巴菲特的投资理念与普通投资者有着比较大的差异,这可能是他取得伟大的投资绩效的根本原因。

(1)巴菲特对市场下一步如何变化不感兴趣,他认为我们并不知道未来会怎样,"预测也许能让你熟悉预测者,但丝毫不能告诉你未来会怎样"。巴菲特根本不关心市场动向,他经常说就算股市关闭十年他也不在乎。

(2)巴菲特最喜欢的投资信息通常是可以免费获得的,比如公司的年报。他说:"就算有足够的内部消息和 100 万美元,你也可能在一年内破产。"巴菲特不喜欢道听途说,人云亦云。

(3)与现代投资组合理论不一样的是,巴菲特并不看好分散投资,他往往会重仓持有他所选定的少数股票。他购买一只股票或整个企业是因为它符合他的投资标准。例如,巴菲特从 1973 年 2 月开始以 27 美元的价格购买《华盛顿邮报》公司的股票。当股价下跌后,巴菲特反而继续购入,到 10 月份的时候,他已经成为这家公司最大的外部股东。对于巴菲特来说,《华盛顿邮报》是一家价值 4 亿美元但市场价格仅为 8000 万美元的企业,但华尔街看到的是一个正在崩溃的市场和黯淡的股价前景。巴菲特则认为,如果你可以用两折的价格买下一家知名而又优秀的企业,其中根本没有风险可言。事实上,《华盛顿邮报》的股价两年之后才反弹到巴菲特的平均买价 22.75 美元。但巴菲特并十分不关心股价的短期变化,他更加重视的是他的投资标准,也就是衡量企业质量的标准(马克·泰尔,2005)。

(4)要赚大钱,并非就要冒大的风险。巴菲特尽可能地回避风险,让潜在损失最小化,保住资本是他的投资风格的基础。巴菲特的第一条投资法则是："永远不要赔钱！"因此,在选择股票的时候,"如果证券的价格只是它们真正价值的一个零头,那购买它们就毫无风险"。他只会投资于他认为价格远低于实际价值的企业,这是巴菲特投资的"安全边际"。

对巴菲特来说,风险是与知识、智力、经验和能力有关的。换言之,风险是有背景的。俗话说,难者不会,会者不难。在投资中,巴菲特认为有风险是因为你不知道自己在做什么。因此,每个人都有自己的能力边界,只做自己熟悉的、有把握的事情。

(5)没有一种能确保投资利润的操作系统或策略。在投资中,对确定性的渴望是人的一种本能,但并不现实。巴菲特能坦然承认他的错误,在错误面前,他很诚实,这在他每年写给股东的信中体现得非常明显。每隔一两年,他都会用一段时间来做一次错误总结。在巴菲特看来,如果你想做一个问心无愧的人,承认错误是至关重要的。

1963年,巴菲特购买了第一只格雷厄姆绝对不会购买的股票——美国运通(American Express)。在美国运通身上,巴菲特既看到了价值,也看到了"安全边际",但他关注的对象和价值计算方法正在改变。对格雷厄姆来说,即使在每股价格仅为35美元的情况下,这家公司也是绝对不可考虑的。美国运通的市值仍然远高于它的有形资产——也就是账面价值。

美国运通的优势在于它的无形资产——客户基础、世界上最好的信用卡(这是在VISA卡和万事达卡称雄世界之前),以及发行但尚未付现的旅行支票的数亿美元的"融资"。巴菲特调查了美国运通的竞争者们,发现美国运通卡的优势仍然像过去一样大。因此,他立刻购入了美国运通的大量股票。

巴菲特的目标是以低于一美元的价格购买价值一美元的东西。可以将他的投资标准总结为:价格适宜的高质量公司。为了判断企业价值,他设定了一套明确的操作标准:

(1)我了解这家企业吗?聚焦于自己了解的企业,也决定了巴菲特的"能力范围",只要他留在这个范围内,他的投资风险就是可控的。

(2)管理层有没有合理地分配资本?在巴菲特看来,企业CEO最重要的任务是合理地分配资本:确保企业为股东赚取尽可能多的利润。如果企业没有有利可图的投资机会,就应该通过提高分红率或回购股份把这些钱还给股东们。巴菲特希望管理层能够像企业所有者一样思考和行动。

(3)如果管理层不变,我愿意购买这家企业吗? 一家企业的未来主要依赖于它的管理质量,巴菲特只愿意投资于一家有他欣赏和信任的诚实、胜任的管理者领导的企业。

(4)这家企业有理想的经济特征吗? 这些特征可维持吗? 巴菲特只对那些拥有某种能将竞争者隔绝在外的"护城河"行业和企业感兴趣。

(5)它有超常的净资产回报率吗? 巴菲特说他宁愿拥有一家赚15%的价值1000万美元的企业,也不愿拥有一家赚5%的价值1亿美元的企业,因为前者的价值在未来增长得更快。

(6)我对它的价格满意吗? 巴菲特认为企业的价值在于它未来的收益,如果价格低于这些收益的现值,那么拥有合理的"安全边际"就保证了投资在未来的盈利能力。

另外,巴菲特的节俭也很特别,当他花掉一美元时,他考虑的不是这些钱的当前价值,而是可能的未来价值。对巴菲特来说,乐趣就是每天"跳着踢踏舞"来到办公室,阅读一堆堆的年报,与"令人激动的人"在一起工作,"赚钱并看着财富增长"。钱的多少只是巴菲特衡量他做自己喜欢的事究竟做得好不好的一种标准。

巴菲特在为格雷厄姆的《聪明的投资者》所撰写的序中认为,这本书是有史以来投资论著中最杰出的一本,并指出:"要在一生中获得投资的成功,并不需要顶级的智商、超凡的商业头脑或秘密的信息,而是需要一个稳妥的知识体系作为决策的基础,并且有能力控制自己的情绪,使其不会对这种体系造成侵蚀。"在投资中,坚持自己的投资标准很重要。

巴菲特和格雷厄姆都谈到了对于情绪的控制,这与他们对于"市场先生"的认识是一致的,也就是:你不能被市场所左右,市场提供的价格是为你所用的,因此,你必须控制好自己的情绪,而不能变成市场情绪的一部分。

巴菲特和乔治·索罗斯对投资的出发点是一样的:市场是由人构成的,虽然人人希望理性,但都无法做到完全理性。

巴菲特看的是长远,所以最常用的方式是在证券被严重低估时买进并长期持有，他卖出的时候往往是股票被严重高估时。巴菲特坚信证券有它的内在价值，长期下来价格一定会向内在价值靠拢。在索罗斯的体系内，内在价值是一个不断移动的目标，希望判断价格在短期内会如何变化，是非常困难、复杂的事情。

索罗斯理论的基础是看到了价格和基本面实际不是两个可以自然分割的事物。证券价格会反映公司基本面的情况，但索罗斯认为证券价格还会进一步影响公司的基本面——股票的价格高了，公司可以融资、做并购、雇用优秀的人才等，从而直接提升公司的基本面。如果价格低，效果就是负面的。这种从价格到基本面的反馈在索罗斯之前无论是学术圈还是实业界都没有人提出过。

有了这种反馈之后，索罗斯就告诫人们资本市场里经常会出现暴涨和暴跌的现象。暴涨的原因可以有多种：证券价格严重低估，政府的刺激政策，新技术、新管理等等。当价格反弹后，增高的价格作用于基本面从而使其拉升；基本面又回头反映到更高的市值里；高市值继续拉升基本面……一旦形成价格和基本面互相促进的连锁反应，证券价格就会出现持续性的上涨，甚至远远高出公司的基本面。直到价格高到一种程度，泡沫破裂，又有可能产生反向的连锁反应。对索罗斯来讲，这两种连锁反应都是投资的好时机。在连锁上行时他是买家，在下行时他会卖空。这种策略简单地看就是追涨杀跌，索罗斯和散户不同的地方是他对趋势更加精准的判断。

相对于市场走势而言，巴菲特的价值投资属于逆向操作，对市场有纠偏和稳定的作用；索罗斯的动量投资往往会加速、增大价格的波动性，是一种不稳定因素。巴菲特式价值投资的社会价值是把资本分配给有价值、被低估的公司，从而提高经济的效率；索罗斯是一个纯粹的投机者，其投机操作本身对社会的贡献很可能是负面的。巴菲特是所有市场经济都欢迎的人；索罗斯最多只能说是合法经营，不会被爱戴，甚至有可能被憎恨（长江商学院，2016）。以一己之力对抗一个"经济体"而大发"国难财"，索罗斯的成功似乎总与危机相伴相生，美国《华尔街日报》评价索罗斯为"全球金融界的坏孩子"，英国《经济学人》则称他是"打垮了英格兰银行的人"，马来西亚前总理马哈蒂尔则直接怒斥他为"亚洲金融危机的纵火犯"。

第三节 彼得·林奇的成功投资

彼得·林奇出生于 1944 年,1968 年毕业于宾州大学沃顿商学院,取得 MBA 学位;1969 年进入富达管理公司担任研究员,1977 年成为麦哲伦基金的基金经理。在 1977—1990 年彼得·林奇担任基金经理期间,该基金的管理资产由 2000 万美元增长至 140 亿美元,是当时全球资产管理金额最大的基金,其投资绩效也名列第一,13 年间的年平均复利报酬率达 29%。

1969—1981 年,是美国股市让人印象不好的一段时光,道·琼斯指数在超过十年的时间里原地踏步,很折磨投资者。而 1982—1987 年,美国股市登上了新的历史高度,直到 1987 年 10 月"股灾"到来,"黑色星期一"熄灭了无数人的财富梦想。林奇回忆说:"20 世纪 70 年代初期的经济萧条时期,我首次掌管麦哲伦基金公司,那时无论对经济前景乐观还是悲观的人,都不会想到华尔街的大牛市行情会给相信它的人带来如此巨额的收益,给怀疑它的人带来如此巨大的损失。"(彼得·林奇,2002)

与众多竞争对手相比,除了天赋之外,林奇最重要的优势在于他对证券分析工作的献身精神。除了公司日常的投资经理会议、分析师的每日备忘等依靠富达公司体系收集和处理的信息,林奇还依靠经纪人提供相关公司的信息,但他很反感经纪人推荐一只股票却不给出任何恰当的理由。林奇特别重视富达公司之外的专业人士的意见,其中那些来自波士顿的人士和林奇本人组成了"商业区讨论团"(Down Town Discussion Group),他们每年聚会 6 次,共进晚餐,交流信息。林奇所获得的大多数可靠的信息都来自公司拜访,他马不停蹄地在公司之间奔波,一刻不停地寻找、搜索。

林奇的基本目标是把握公司命运的转折点,可称之为资本配置的时效技巧,根据关键变量的变化找到"大赢家"。一般而言,从上市公司基本面发生重要变化到公司股价出现相应反应有一段滞后的时间,对林奇来说,正好可以利用这个时间差来买进该公司的股票。林奇说"甚至当一家公司刚从不景气上升到生意一般时,你都有钱可赚"。或许存货正在减少,他知道这往往意味着一些事情发生了变化——可能是更有利的政策、新产品或新服务的推出等等。不过，他不像 T.罗·普赖斯只购买某个板块中顶尖公司的股票，也不像沃伦·巴菲特只购买那些最有吸引力的便宜货，而是像吉姆·罗杰斯那样，一次购买整个板块，可能有几十只股票。然后，在这些股票上涨的过程中，他可能会逐步卖掉一些，只留下他最看好的几只股票（约翰·特雷恩，2009）。

林奇随时准备交易各种领域的所有股票，这种做法对基金经理的素质要求很高。林奇每天的大部分时间都花在与上市公司联系，打电话或亲自登门拜访上。林奇就像参加帆船比赛的选手，不断地改变航道以利用风向的微小变化，其投资组合总是处于永不停息的变动之中。许多股票仅仅持有一两个月的时间，平均来说，整个持股清单至少每年周转一遍。林奇觉得如果他的工作做得再完美一些，那么基金投资组合的周转率将会更高。

林奇在麦哲伦基金的庞大股票清单中，每天都能找到几十只他认为已经被高估的股票以及几十只被市场低估的股票，这时，他会果断地卖掉前者并买进后者。林奇相信一条古老的交易准则：如果你因预期某件事而购买了一只股票，而这件事又没有发生，那么你最好还是趁早卖掉它。

林奇偏好的一种方法也是大多数精明的投资者所喜欢的：向正在拜访的公司管理人员打听它的竞争对手的情况。一家公司被竞争对手贬低没有什么好奇怪的，但如果竞争对手也为它说好话，那就值得注意了。

当林奇发现一家公司的内部人员在大量购买自己公司的股票时，也一定会一探究竟，他认为这样的公司破产的可能性很小。他尤其喜欢看到一只长期低迷的股票正在被公司中层管理人员（而不是 CEO）大量买进。与此同时，如果一家公司的多位管理人员将他们所持有的大部分本公司的股票卖掉，也值得特别关注。

在林奇看来，增长性是一家公司最重要的品质，成长型股票在麦哲伦基金的投资组合中所占的比重是最大的。"在市场中赚钱的最佳方式之一，是投资那些已经连续两年盈利而且盈利仍在增长的市值较小的成长型公司。"

林奇喜欢那种任何人都能经营的简单的公司，对林奇来说，没有必要只盯着那些特别出色的公司，可以投资那些股价被低估而且不会在股价回升到应有水平之前就分崩离析的公司。林奇要找的是这样的公司：如果这家公司被中等水平的管理层接手后，他们有足够的信心可以在几年内维持公司正常运营。林奇梦寐以求的是那些处于低成长行业的成长型公司。

但同时，林奇坚持认为：有些科技公司可能真的不错，但如果他理解不了它们的业务，他宁愿不赚这个钱。除此以外，林奇在投资中几乎没有禁区。林奇不介意去国外投资，因为有时他可以在国外市场发现大打折扣的便宜货，因为这些国家或地区的金融市场实在是太缺乏效率了。林奇最热衷于在国外市场购买那些美国机构刚刚开始买进的股票，林奇在国内市场也坚持同样的原则，但他会避免购买那些已经被机构投资者大量持有的股票。

林奇把公司分成了六类，包括一般类型、大笨象型、周期型、快速增长型、转型困境型和资产富余型。对每一种类型的公司，林奇都给出了应该关注的情况及其关键点。对林奇来说，这六种类型的公司都有可能成为潜在的投资标的，一个好的投资策略对某只股票的数量调整应参照其价格对市场的反应。

林奇从来不持有现金或现金等价物，而是持有处于稳定行业、有高分红的防御性股票来代替它们。这样，当市场反弹时，也不会失去机会。

林奇对期权、期货以及其他所谓的衍生工具不感兴趣，他认为这些工具的交易成本非常高，大部分利润都被吞噬了。巴菲特对金融衍生工具也不看好，早在1982年给一位美国国会议员的信件中，他就提到了对于股指期货及其他与股市挂钩的金融衍生品的担忧。巴菲特警告美国证券业协会不要推出与标准普尔500指数相关的股指期货。巴菲特指出，投资者可以做空合约以对冲短期波动，但他警告称，几乎每个购买这些衍生品合约的人都在押注近期股票上涨，而并不是押注标的公司的长期表现。巴菲特表示，"无论真实的赔率有多低，这种以小博大的玩法会增加人们的赌博倾向"。到2003年，他甚至把衍生品称为"大规模杀伤性武器"。

第四节　逆向投资——约翰·邓普顿的长赢投资法

约翰·邓普顿（1912—2008）是全球著名投资大师。1999 年，*Money* 杂志将邓普顿评为"20 世纪最伟大的选股人之一"。2006 年，邓普顿与巴菲特、彼得·林奇、格雷厄姆等共同荣获《纽约时报》评选的"20 世纪全球十大顶尖经理"。《福布斯》称邓普顿为"全球投资之父"及"历史上最成功的基金经理之一"。邓普顿管理的邓普顿成长基金成立于 1954 年 11 月，到 1992 年邓普顿退休，基金的年化收益率达到 14.5%，平均每年跑赢市场 3.7%。

约翰·邓普顿 1912 年出生于田纳西州，家境贫寒，但凭借优异的成绩，依靠奖学金完成在耶鲁大学的学业，并在 1934 年毕业时取得耶鲁大学经济学一等学位。之后，他在牛津大学继续深造，获得罗德斯奖学金，并在 1936年取得法学硕士学位。重返美国后，他在纽约的 Fenner & Beane 工作，也就是如今美林证券公司的前身之一。

邓普顿早期奉行的美德是节俭、勤奋、自信、对事物充满好奇心。约翰·邓普顿曾在晚年如此总结他的投资生涯："我们能用的投资方法有很多，但是我过去 70 来年运用下来最成功的投资方法就是买入便宜股，买入那些市场价格远低于其内在价值的股票。纵观 70 来年的整个投资生涯，我都在全球各国股市寻找最划算的便宜股。"

邓普顿认为，作为便宜股猎手，你的目标如果是购买股票市价和你所计算出来的公司价值之间差距最大的股票，那么在全球范围内搜寻这种便宜股就显得合乎情理了。并且，便宜股猎手应该意识到，要选对国家投资，首先要选对个别公司，而不是反过来。

邓普顿 1984 年开始正式投资美国以外的股市。邓普顿投资日本股票时，看中的是与日本股票强大的盈利能力和惊人的增长前景相比超低的价格。邓普顿认为日本人节俭、目标明确、坚定果断以及工作勤奋，这个国家在经济发展上取得成功是必然的。充分储蓄、不知疲倦的工作态度同样也是邓普顿事业获得成功的良方。他认为，越不为人所知、越不为人所了解的股票,其价格与价值相比也会越低。

尽管,恐慌和危机会给卖家造成强大压力,却为发现便宜股票创造了良机。邓普顿认为他在整个投资生涯中所奉行的原则是:

在别人都在沮丧地卖出时买入,在别人都在热情地买入时卖出,这样的逆向投资,需要你意志极其坚强才能坚持做到,但是最终会给你带来极其丰厚的回报。

邓普顿认为危机就是生机。他在1939年时预测,欧洲的战争引发了第二次世界大战,美国也被卷入了战争,接下来会导致美国对工业原料、物资等商品的需求激增,尽管当时市场上的投资者极度悲观,但邓普顿不为所动,他向前任老板迪克·普拉特借了1万美元,用于购买美国两家交易所正在进行交易的、价格在1美元以下的所有股票。在随后的几年,他逐渐卖掉了所持有的股票,把最初的1万美元变成了4万美元。而且,在他买的104只股票中,只有4只没有成功。在这个例子中,不仅有逆向投资,还有分散投资。逆向投资以准确的预测为前提,紧紧抓住发现便宜股票的良机。但逆向投资有时候会看错,分散投资是投资组合的稳定器。邓普顿说:"分散投资,应该是任何投资计划的基石。"(劳伦·C.邓普顿 等,2022)

邓普顿十分看好中国的未来发展,他认为中国的经济增长率十分引人注目,按照这种增长速度,中国在未来几十年会超过美国,成为世界上最大的经济体。有意思的是,在过去几次股东大会上,巴菲特和芒格都曾表达过"中国经济取得了不起成就"的观点,他们对于未来中国经济的发展,对于中国优质资产都积极看好。在2023年股东大会上,查理·芒格曾连用三个"愚蠢"形容美国对华制造的紧张贸易关系,并表示:"如果有一件事是我们应该做的,那就是与中国搞好关系,美国应该与中国进行大量的自由贸易,这符合我们的共同利益。"在2024年的股东大会问答提问期间,一名亚洲投资者问巴菲特是否会加大对中国市场的投资,巴菲特的回答是:"我们的大部分投资还将在美国。"但巴菲特补充说,"芒格在购买开市客(Costco)和比亚迪股票时拍桌子,让我买买买。现在看来,他对这两家公司的看法都是正确的"。

邓普顿和巴菲特一样,"淘便宜货"时放眼全球,而不是只关注一国或一个地区。在全球范围寻找低价的、长期前景良好的公司作为投资目标，是他们共同的投资原则。

第五节　马克·墨比尔斯与 ESG 投资

从 1992 年《联合国气候变化框架公约》（United Nations Framework Convention on Climate Change，UNFCCC）开始，1997 年的《京都议定书》和 2001 年的《马拉喀什协定》规划了碳减排的路径，到 2016 年，《巴黎协定》将碳中和目标最终确定下来。推动这些协定的不仅仅是政治家，更是千禧一代的年轻人，千禧一代正用消费行为来引导企业和资产管理者，通过消费和投资行为来投票。他们施加给可口可乐、星巴克们的压力不再是通过传统的对抗和抗议，而是通过减少那些在 ESG 方面不合格或者进步缓慢公司的产品消费来实现。

2004 年，联合国发布 Who Cares Wins 报告，正式提出了 ESG 概念。ESG 即环境（environmental）、社会（social）和公司治理（corporate governance）。作为可持续发展的"三大支柱"，ESG 已成为全球发展的潮流与符号，同时围绕 ESG 已经衍生出了崭新的价值理念与治理模式，孵化出了一种包含外部性视角、系统性风险管理以及综合社会价值与绩效提升的投资方式。不同于传统投资，ESG 投资是在传统财务分析的基础上，将环境、社会和公司治理等因素纳入公司投资决策流程和分析流程中，从而找到既创造股东价值又创造社会价值、具有可持续成长能力的投资标的。

富兰克林邓普顿基金集团（Franklin Templeton Investments）是最大的上市基金管理公司，自成立以来，一直都专注于经营基金管理业务，是进入中国基金管理行业的专业性最强的国际基金管理公司之一。

马克·墨比尔斯在约翰·邓普顿手下工作多年，以管理新兴市场闻名于世。《ESG 投资》是"新兴市场教父"马克·墨比尔斯（Mark Mobius）在 2018 年从富兰克林邓普顿退休、成立 Mobius Capital 之后，与两位创始合伙人共同写作的。墨比尔斯曾经执掌邓普顿的新兴市场投资部门超过 30 年，将基金管理规模从 1 亿美元提升到逾 300 亿美元,并且一直站在全球新兴市场投资的最前线,他在东欧、非洲、拉美,以及包括中国内地和香港在内的亚洲新兴市场上,都创造了大量成功的投资案例。

墨比尔斯的投资理念可以概括为著名的 15 条法则,其中他强调的是对风险和不确定性的分析,在危机导致的低估当中大胆进取,在人人狂热的时候坚决出场,他的核心理念是价值判断和全球范围的分散投资,这与邓普顿的投资理念是一脉相承的。他强调投资新兴市场国家的重要性,也强调投资过程当中对公司和国家治理进行考察的重要性。

除了守法敬业、勤勤恳恳的管理层,一个国家健全的法律体系和投资者保护制度也至关重要。对于投资者来说,最重要的权利包括:产权、上诉权、获得公平审判的权利和人人平等的权利。吸引投资者的国家需要可靠的托管机构、受监管的市场、法规和判罚的稳定性和一致性、商业友好、司法独立等等。一般而言,一个国家经济起飞的条件包括:(1)营商环境,涵盖产权保护和法制;(2)资本投入;(3)企业群体。

公司治理的改革能够提升经营效果,进而提升股价;国家治理的改革则降低风险溢价,提升整体估值水平。成熟市场的企业是一个个独立的个体或者闭环运作的整体,而新兴市场的公司则更像是处在一个丰富的生态系统当中,与各种内外部人员、家族、竞争者、合作者、友商等产生联系,同一个人在不同的场景下扮演不同的角色。企业本身就是一个复杂的系统,而且是一个开放系统。

墨比尔斯使用"FELT 测试"进行投资,即公平(fair)、有效(efficient)、流动性(liquidity)、透明(transparent)。这 4 条测试原则也被他引入 ESG 投资的评价当中。在评价 ESG 投资标的的同时,墨比尔斯也特别强调投资者的积极参与的重要性,他认为 ESG 投资需要激发企业和监管向善的动力,需要改变世界而不仅仅是旁观,这是指数型基金无法做到的。

墨比尔斯(2021)给出了 ESG 投资的四要素,分别是:(1)对环境和社会更加负责,诚实、坦率、公平和公开;(2)认真履行在这些领域的承诺;(3)以合理的成本做这些事情,不必付出过高的代价;(4)做有利于世界的事情。

根据全球可持续投资联盟(Global Sustainable Investment Alliance,

GSIA)的要求,从投资方法的角度,则可以把 ESG 投资划分为以下的 7 种。

(1)负面/排斥性筛选:根据 ESG 标准从投资组合或基金中排除某些行业、公司或商业。

(2)正面/最佳类别筛选:根据 ESG 表现,在投资组合或基金中纳入比同行业竞争者更优秀的领域、公司或项目。

(3)基于规范的筛选:要求投资标的符合国际通行的最低标准企业行为准则。

(4)整合 ESG:投资顾问在财务分析中系统地、具体地纳入 ESG 因素。

(5)可持续投资:投资于促进可持续性的公司,如清洁能源、绿色技术和可持续农业。

(6)影响力/社区投资:在私营(非公开)市场,有针对性地开展旨在解决社会或环境问题的投资,包括社区投资,资本投向传统金融服务难以覆盖的个人或社区,以及具有明确服务于社会或环境宗旨的企业。

(7)企业参与或股东行动:利用股东权利,通过与高级管理层和/或董事会交谈、提交或共同提交提案,以及以 ESG 原则为指导的委托投票来影响公司行为。

简单的负面筛选投资方法在全球投资总额中所占份额最大,前 3 种主要是被动投资,中间两种带有一定的积极选择性,最后两种则是真正的积极投资。

ESG 标准,公司想要它,消费者期望它,作为投资者应该要求它。可持续的 ESG 投资也正在新兴市场变得越来越成熟,日益成为推动世界变得更加美好的一股积极的、向善的力量。

第六节　价值投资的理论探索

一、格林布拉特与他的神奇公式

乔尔·格林布拉特是美国的一名学者、对冲基金经理,他是"神奇公式"

的发明者,同时也是纽约证券拍卖公司以及价值投资者俱乐部网站的共同创办人。像格雷厄姆一样,他的职业生涯跨越了学界和华尔街。1985 年,他创立了一家对冲基金——高谭资本(Gotham Capital),专注于特殊机会投资。自 1985 年成立到 1995 年返还外部资本的 10 年间,格林布拉特和高谭资本的共同创始人罗伯特·戈德斯坦(Robert Goldstein)实现了 40% 的复合年化收益率。在返还外部资本后,他们以自有资本继续开展特殊机会投资。1999 年,格林布拉特出版了个人的第一部畅销书《你也可以成为一个股市天才》。

真正让格林布拉特闻名于世的是他的第二部著作《股市稳赚》,这本书是一次实验的产物。他在这一实验中试图了解沃伦·巴菲特的投资策略是否可以被量化。实验的结果是提出了他的"神奇公式",格林布拉特仅仅根据两个因素将公司排序:投资资本回报率(return on invest capital,ROIC)和收益率。神奇公式寻找那些拥有稳定的历史回报率的公司。

具体做法是:从投资资本回报率高和收益率高的综合排名中,选择前 20~30 只股票,形成一个组合,分别买入并持有一年后卖出。这个公式完全遵从价值投资的本质:用便宜的价格买入好企业。其中,$ROIC = \dfrac{EBIT(息税前收益)}{净有形资本(净营运资本+净固定资本)}$,收益率 $= \dfrac{EBIT}{EV}$,EV 是企业价值,等于股本市值 + 净有息债务。投资回报率没有使用股本回报率(ROE,$\dfrac{收益}{股本}$)或资产回报率(ROA,$\dfrac{收益}{资产}$),主要是因为各个公司的债务水平和税率不同,使用 EBIT 可以反映公司的收益情况。格林布拉特的收益率不是通常使用的 $\dfrac{P}{E}$ 比值,收益率概念背后的基本思想,就是算出与收购价格相比,企业挣了多少钱。格林布拉特将某股票分别按照 ROIC 和收益率进行排序,得到两种排名,再将某股票的两个排名序号相加,得到总排名,然后将资金平均分配到一定数量的综合排名在前列的股票上。

格林布拉特在投资生涯的前十年意识到——好公司的"好"中包含长期成长性,因此他越来越倾向于巴菲特的投资方法,买那些又好又便宜且具有长期发展前景的公司。他在沃顿商学院读研时和同学一起研究过买入廉价股的策略，对价值投资的定义是弄清楚值多少钱，然后用很低的价格买入。他认为价值和成长的界限并不是泾渭分明的，或许价值股成长性较低，成长股成长性较高。

能够获得高投资回报率的公司具有特殊性，它们有机会将部分或全部利润继续投资于具有高投资回报率的企业上，或者可能具有某种特殊的竞争优势等等，在排除那些只能获得一般或较低投资回报率公司的基础上，神奇公式试图以低水平的价格买入这些高水平公司的股票。

神奇公式在很长的时间内被证明是有效的，格林布拉特和其他人都用美国市场数据仔细验证过神奇公式。当然，格林布拉特特别指出，神奇公式也会有不见效的时候，甚至有可能连续几年不见效。要想让神奇公式对你有用，你必须坚信它的作用，并且保持长期的投资眼光。从短期看，"市场先生"凭情绪决定价格，但从长期看，"市场先生"是根据价值来给股票定价的。

当然，格林布拉特特别指出，神奇公式也会有不见效的时候，甚至有可能连续几年不见效。要想让神奇公式对你有用，你必须坚信它的作用，并且保持长期的投资眼光。从短期看，"市场先生"凭情绪决定价格，但从长期看，"市场先生"是根据价值来给股票定价的。

二、伟大企业的定义——从大到强

每年 7 月，《财富》杂志都会发布全球 500 家规模最大的企业排行榜——《财富》全球 500 强。中国企业真正的突破发生在 1996 年，当年有两家中国企业首次入榜。2023 年，中国共有 142 家公司上榜，大公司数量继续位居各国之首。所有上榜企业的营业收入总和约为 41 万亿美元，比上年上涨 8.4%。进入排行榜的门槛（最低销售收入）也从 286 亿美元跃升至 309 亿美元。但是，受全球经济下行影响，2023 年所有上榜公司的净利润总和同比减少 6.5%，约为 2.9 万亿美元。国家电网有限公司（STATE GRID）以营业收入 5300 亿美元排名第三。从《财富》全球 500 强看，中国企业从无到有、从少到多到最多，正在迅速成长！

但是，"大"并不是简单地等于"强"。2023 年，中国上榜公司利润总和为

5618.6亿美元,美国上榜公司利润总和为10882.7亿美元。在净资产收益率榜上,家得宝公司以超过1095%的净资产收益率跃升至首位,苹果名列第二,葛兰素史克集团位列第三,两家公司净资产收益率都超过140%。净资产收益率最高的50家公司中,只有两家中国公司——通威集团以42.9%的净资产收益率位列第34位。获得世界声誉、拥有国际知名品牌的中国企业还不多。

美国学者(Kraemer et al.,2011)在一篇论文中研究了全球价值网络中苹果产品的利润分配情况,在2010年,每卖出一台iPhone产生的利润总额中,苹果赚取了其中的58.5%;塑料、金属等原材料的供应商赚取21.9%;作为屏幕和电子元件主要供应商的韩国,赚取4.7%;其余的利润分配依次为:未归类项目赚取4.4%、非中国劳工赚取3.5%、除苹果以外的美国劳工赚取2.4%、中国劳工赚取1.8%。大多数中国制造企业所擅长的是组装或代工,而利润更丰厚的领域,如产品设计和市场营销等则被跨国企业牢牢控制。如果企业总是停留在价值链低端,不论其经营规模多大都无法创造巨大的价值,也无法在市场上赢得广泛的尊重。

2013年,来自德勤咨询的迈克尔·瑞尔(Michael Rayor)和穆塔兹·艾哈迈德(Mumtaz Ahmed)对25453家美国企业在过去44年中的表现进行研究,成果以"伟大企业三原则"为名发表在《哈佛商业评论》上。他们认为促使企业走向伟大的选择虽然各不相同,但都符合以下3条基本原则:(1)更好先于更便宜,即差异化,不将价格作为竞争手段;(2)收入先于成本,即"开源"比"节流"更重要;(3)再没有其他原则了,企业需要做的所有其他调整都是为了遵守原则(1)和原则(2)。

刘俏(2018)通过综述伟大企业的相关研究,提出:任何一种新的商业模式的出现或是对旧有商业模式的革新都与企业能找到新方法去提高ROIC有关。也就是说,如果一个企业能够在较长的一段时间内保持比加权平均资本成本(weighted average cost of capital,WACC)高出一截的投资资本收益率,即该企业能够在较长时间内使得ROIC≥WACC,那么该企业堪称伟大企业。

刘俏(2018)把投资资本收益率定义为扣除调整税后的净经营利润(net

operating profit less adjusted tax，NOPLAT）除以投入资本（invested capital，IC），代表经营投入产生收益的回报率，即

$$\text{ROIC}=\frac{\text{NOPLAT}}{\text{IC}}$$

其中，NOPLAT＝净经营利润（EBIT）×（1－边际所得税率），IC＝经营性流动资金（经营流动资产减去经营流动负债）＋固定资产＋购得的无形资产（如商誉）＋其他长期经营资产（已减去其他长期经营负债）。

加权平均资本成本衡量企业的总融资成本。企业外部资金来源主要是两类：股东权益（equity）和债务（debt）。因此，加权平均资本成本主要是这两类资金来源的融资成本的加权平均。

刘俏（2018）用中国 A 股上市公司 1998—2017 的数据，计算每一年的投资资本收益率，同时也计算公司每一年的年化股票收益率，发现企业的股票收益率与投资资本收益率之间存在一个明显的正向相关关系。

三、剩余收益模型与廉价股

在金融经济学家早期工作的基础上，詹姆斯·奥尔森（James Ohlson）在 20 世纪 90 年初期到中期，撰写了一系列关于权益估值的文章，也就是著名的剩余收益模型（residual income valuation model，RIM）——公司价值等于现有账面价值加上未来预期超额收益。

在剩余收益模型中，用现有财务报表中的数据表示公司价值：

$$\text{FirmValue}_t=\text{Capital}_t+\text{PVRI}_t$$

其中，Firm Value$_t$ 为公司第 t 期价值；Capital$_t$ 为第 t 期资本或初始投入资本，用第 t 期的账面价值表示；PVRI$_t$（present value of residual income）为第 t 期未来剩余收益的现值。

当然，除账面价值外，还有其他方法可以衡量资本投入。例如，公司未来一年盈利预测或当年销售收入，针对每一种投入资本可以推导出相应的剩余收益现值的表达式。

剩余收益模型清晰地表明，公司真正的基本面价值由两个要素组成：

公司价值＝现有资本＋未来增长

因此,价值股不仅是那些相对于初始投入资本较为廉价的公司,还包括相对于未来剩余收益现值更加廉价的公司。

从格雷厄姆开始,最成功的基本面投资者一直认为价值投资由两个关键因素组成:(1)寻找"优质"公司;(2)以"合理的价格"购买它们。简言之:价值投资＝廉价＋优质。

公司股价相对于现有资产的廉价程度比较容易估计。因此,价值投资中最有挑战性的部分应该是预测公司未来的剩余收益的现值,这也是基本面分析的核心。从剩余收益模型开始推导,Penman等(2014)证明了在没有盈利增长的情况下,权益资本成本会无限逼近公司未来盈余收益率。考虑到盈利增长在同时期不同公司(横截面)之间存在差异,我们需要更细致的估值模型。不管怎样,会计信息对估值至关重要,它传递了人们关于盈利增长的预期及其在这些预期下的潜在风险。

价值投资就是在给定的廉价水平下选择优质公司,格雷厄姆、巴菲特、邓普顿等等的价值投资实践无不是依据这样的原则来构建股票筛选的标准的。关于投资,巴菲特总结:(1)只投资你可以理解的业务;(2)寻找具有可持续竞争优势的公司;(3)投资拥有高素质管理团队的公司;(4)买入有足够的"安全边际"的股票。简单区分的话,前三条是"优质",后一条是"廉价"。

四、基本面量化投资的理论分析

随着大数据与金融科技的崛起,基本面量化投资在中国市场成为越来越重要的投资方式。张然等(2023)认为,基本面价值是股价的"锚",而投资者情绪是导致价格偏离价值之"锚"的主要原因。因此,凡是能够预测"锚"自身以及价格对"锚"的偏离——基本面价值以及投资者情绪的因子、策略和相关方法——都应属于基本面量化投资的研究范畴。

对于投资者而言,这些影响因子都可以成为深挖的选股因子。比如说,Lee等(2019)探讨公司间科技关联对未来股票收益的预测效果。科技关联因子可以很好地预测目标公司未来的超额收益、基本面信息,并能够预测目标公司未来专利获批和引用情况。因此,科技关联因子是典型的基本面量化因子。以下,我们选取了一些价值因子和情绪因子来进行分析。

（一）盈利能力与股票收益

股票市场能够反映公司的盈利能力:盈利能力强的公司的市场表现要好于盈利能力弱的公司的市场表现。公司的盈利能力可以用很多指标来衡量,比如盈余、现金流、毛利率等。

盈余是指一家公司的收入扣除所有成本和税费后的净利润,衡量公司本期获得的收益。盈余可以很好地预测股票的收益。有效市场认为,当一家公司的盈余公告发布时,市场会在短时间内修正对该公司价值的预期,并将这种修正反映在股价上。如果盈余超过市场的预期,就构成利好的盈余,股价会随之上涨;反之,如果盈余低于市场的预期,就构成利空的盈余,股价会随之下跌。因此,如果我们可以预测到利好的盈余公告,在此之前进行投资,就会获得超额收益。

在现实中,除非公司的内部人员或者能够接触到内幕信息的人员,一般投资者难以知晓当期的盈余公告是利好还是利空。然而,研究发现,当公司发布利好的盈余公告时,市场不会对盈余公告作出充分反应,而是经过一段时间的调整后才将信息融入股价,也就是盈余公告后（价格）漂移。Bernard等(1990)使用美国市场 1974—1986 的数据,研究发现:季度间的未预期盈余存在自相关性,但投资者未能正确认识,因此股票被错误定价。本季度的未预期盈余与随后三个季度的未预期盈余正相关,而与第四个季度的未预期盈余负相关。投资者可以利用公开的财务报表盈余信息,识别本季度盈余变动方向,在随后四个季度构建多头与空头组合,从而获得超额收益。

现金流量是维持公司存续的关键,公司运营每时每刻都离不开现金,就像人体的血液对于人的生命的重要性一样。盈余和现金流量这两个指标越高,意味着公司的经营状况越好,能够带来更多的收益。在现实的投资中,这两个指标备受重视。但也有人使用毛利率这个指标来反映公司的盈利能力,Marx 等(2013)的研究发现:毛利率是衡量企业真实盈利能力最干净的会计指标。另外,价值投资策略（以账面市值比为标准构建组合）与毛利率投资策略具有负相关关系,同时使用两种投资策略可以降低投资风险、增加投资收益。

　　应计项(accruals)是指收益的非现金部分,比如应收/应付项目、坏账准备金、存货跌价准备等。利润表是基于权责发生制进行会计确认的,收入和支出是在产生时进行确认的,而不是在收到现金或支付现金时进行确认。管理层具备减少利润波动或操纵利润变化轨迹的动机。有研究发现,预期收益随着应计项的增加而减少。比如,Sloan(1993)发现股票收益率与应计利润之间存在显著的负相关关系,这一现象被称为"应计异象"(accrual a-nomaly)。从投资的角度看,应计项的多少可以看成是盈利的质量,公司的应计项越多,盈利的质量越差,股票的预期收益也就越低。

　　谢谦等(2019)以 2000—2017 年 A 股上市公司为样本,用最小二乘法和组合预测法从 12 个衡量公司盈利能力的指标中提取信息构造综合盈利能力指标,然后据此构建多空对冲策略。实证结果表明,基于最小二乘法的对冲策略可以给投资者带来 15%的年化收益率(夏普比率为 0.75),而基于组合预测法的对冲策略可以给投资者带来 13%的年化收益率(夏普比率为0.6)。在控制其他公司特征变量后,综合盈利能力对股票收益的解释能力依然稳健。

　　(二)经营效率与股票收益

　　财务报表数据与预期收益之间的关联性可能比较短暂,财务比率与预期收益之间的关联性还不明确。作为最常用的财务报表分析方法,杜邦分析将净经营性资产收益率拆解为经营利润率与资产周转率,分别衡量公司运营的不同维度。前者衡量盈利能力,后者衡量资产使用和管理效率。那么,使用杜邦分析能否获得超额收益?根据杜邦分析中的哪些比率构建投资策略才能获取超额收益?

　　Soliman(2008)利用美国股票市场 1984—2002 年的数据进行研究,发现杜邦分析提供的会计信息具有信息含量,但是市场参与者未能及时对此信息作出反应,且这种不及时集中体现在资产周转率这一指标上。因此,做多资产周转率变化量位于前 10%的股票,做空资产周转率变化量位于后 10%的股票,持有 1 年后调仓,这样的投资策略在未来一年能够获得 5.2%的超额收益。朱宏泉等(2011)对 A 股非金融类上市公司的研究发现,在预测公司未来的盈利能力时,传统的杜邦分析核心指标(净资产收益率)比改进的杜邦分析核心指标(净经营性资产收益率)更有效;无法利用杜邦分析成分指标(净利润率、资产周转率和权益乘数)构建交易策略来获取超额收益。在企业被要求使用历史成本为资产计价的情况下,资产升值时,资产的账面价值低于真实价值,导致资产周转率被高估。因此,资产的具体计量方法可能会对资产周转率的估计产生影响。

国内对于财务比率能否预测股票收益存在争论。陆正飞等(2006)发现,就 A 股上市公司整体而言,利用财务比率进行分析是无法有效预测股票超额收益的。孔宁宁等(2010)则指出,将基本面指标和资产估值指标相结合能够获得超额收益。

目前对于企业经营效率的分析基本上还是集中于企业年度财务报告中呈现的信息,具有明显的滞后性。市场参与者应该更充分和及时地关注和理解反映企业经营效率的公开财务比率信息。

(三)创新能力与股票收益

如果公司进行清算,除去清算成本,公司的最终价值应大概等于公司的净资产。公司的资产分成有形资产和无形资产,而很多无形资产并没有体现在财务报表中。根据美国通用会计准则,研发支出的会计处理方式是直接费用化,使得投资者难以从资产负债表中直观地获取有关研发活动的信息,并导致市盈率和账面市值比等指标与真实价值相背离,从而使得高科技公司股票似乎更"贵"一些。研发活动具有较强的不确定性,有限的会计信息披露往往不能清晰地反映研发活动对公司价值的影响。同时,在研发上取得成功的公司具备特定的技能,这种技能具有一定的连续性,可以从过去"迁移"至当前的活动。所以,如果能够正确地评估这些信息,将有助于发现公司的真实价值。

Chen 等(2001)基于 1975—1995 年美国纽交所、美交所和纳斯达克所有上市公司的数据,利用研发费用这一会计信息构建研发密集度指标,检验研发密集度与公司股票收益率之间的关系。研究发现,有研发投资公司和无研发投资公司的历史股票收益率并没有显著差异。然而,市场对于研发密集度较高但过去股票收益表现较差的公司的预期过低,存在股票价格被低估的情况。这部分股票在未来具有更强的增长能力,买入这类公司股票可以获得年平均 6.12% 的超额收益。此外,还发现广告支出这类无形资产,也存在与研发投资相类似的股票收益效应。说明这两类无形资产也具有信息含量,但有限的会计信息披露使得市场未能充分理解它们对公司价值的影响。

Hirshleifer 等(2013)针对美国市场的研究发现,创新效率可以作为解释股票收益的重要因子。创新效率是指公司将研发投资转化为专利以及专利被引用的能力,用两个指标来度量创新效率,$IE1 = \dfrac{专利授权数}{研发资本}$,$IE2 = \dfrac{专利被引用次数}{研发费用}$。

我国将企业研发活动划分为研究阶段和开发阶段,研究阶段的支出应全部费用化处理,开发阶段的符合资本化条件的支出可以资本化处理,不符合资本化条件的支出应费用化处理。陈国进等(2017)利用我国 2007—2016 年 A 股上市公司的月度数据,发现企业研发投资强度可以促进股票收益增长。周铭山等(2017)基于 2009—2014 年的创业板数据,发现创业板公司的研发投入水平越高,投资者获得的超额收益率越高;尤其在股市处于"牛市"或者企业资本化研发投入占比较高时,研发投入对超额收益的提升作用更显著。

我国资本市场个人投资者占比大,而个人投资者由于时间、精力、知识等等方面的局限,对于研发信息的收集、解读均会产生不同的影响。并且,随着科技的迅速迭代和数字化、大数据的发展,商业模式发生了很大的变化,研发投入和产出也发生了较大的改变,寻找具有增量信息含量的创新信息,也是价值投资的途径之一。

当然,能够反映公司基本面价值的因素还有很多,从"廉价"角度,可以找到市盈率、市净率、市销率、企业价值倍数、股息率等估值指标,从"优质"角度,可以找到盈利能力、经营效率、盈余质量、投融资决策、无形资产等指标。不管怎样,这些因素都将反映到公司的股价上,在实证研究中,也有各自不同的预测未来收益率的作用。总之，利用运营、财务和其他公司指标与股价的关系所反映的信息决定投资策略，是基本面量化投资的本质。价值投资是一门实践的学问，从格雷厄姆、巴菲特、林奇、邓普顿、墨比尔斯到格林布拉特，这些投资大师的成功实践揭示了价值投资的可行性。在实证研究中，也发现了一些反映内在价值的因素能够在不同程度上预测股票未来的收益率，尤其是长期的股票收益率。

第七节　有效市场悖论与幸存者偏差

阿尔佛雷德·考尔斯（Alfred Cowles Ⅲ）1933 年发表了《股市预测者能预测吗？》，分析机构对于个股走势和股市整体走势的预测情况，发现它们不仅在大部分时间都不正确，而且其预测结果在整体上比随机结果还差。

1968 年，迈克尔·詹森（Michael Jensen）构建了评估基金业绩的方法，用资本资产定价模型计算风险调整的收益，其依据是投资组合的 β，然后计算投资组合收益超出风险调整后的收益的部分，即为 α。如果 α 为正值，则代表基金经理在风险调整的基础上跑赢了基准，投资经理具备让组合增值的能力，获得了经风险调整后的超额收益。詹森在 1945—1964 年对共同基金的研究显示，在给定投资组合风险时，很少有基金经理能比预期获得更高的投资回报。

1970 年，尤金·法玛（Eugene Fama）发表了《有效资本市场：理论综述与实证研究》的报告，对 3 种效率进行了界定。第一种是弱式有效市场，即无法根据当前信息预测未来价格。从实践角度来看，该假说认为技术分析不会带来超额收益，因为成交量、价格等信息是已经发生的市场走势的信息。第二种是半强式有效市场，即股价充分反映了所有的公开信息，因此投资者不可能根据公开信息获得超额收益。第三种是强式有效市场，股价充分反映了所有信息，包括公开信息与非公开信息。当然到目前为止的实证研究表明，即便是美国这样的成熟市场，也仅仅是达到了半强式有效市场，并且这个结论也会因为论证方法和数据的差异，可能有不同的结论。但总体来说,股票市场尤其是新兴的股票市场,正在变得越来越有效。不能否认的是,没有一个市场是达到强式有效的,因此,从本质上讲,内幕交易是不公平的,各国立法都严禁内幕交易,反过来说明,利用内幕信息是可以获得超额收益的。市场越有效,市场价格的变动越随机。

格雷厄姆认为,投资者可以通过投资有价值的股票从而使得投资表现超过市场。这些有投资价值的股票有安全边际,或者它们的基本估值超出了市场估值,这就确保了其投资增值性。格雷厄姆用"市场先生"说明市场的非理性,类比于市场的随机游走,但是他相信正是这种随机游走才让市场充满获利的机会,前提是投资者能够正确地评估股价。在格雷厄姆的晚年,他的观点稍微有些变化,他认为在他写《证券分析》时,当时的技术分析能带来回报,而现在,"在一定程度上,我站在有效市场学派的一边,而有效市场假说得到各类学者的广泛认同。"(诺顿·雷默,2017)社会的发展使得人们能够大量地、方便地获取信息,准确地理解信息并且及时采取行动把这些信息反映到股价上。

但巴菲特并没有改变他的观点。1984 年,在庆祝格雷厄姆与多德合著的《证券分析》发行 50 周年的大会上,巴菲特在哥伦比亚商学院做了一场题为《格雷厄姆-多德部落的超级投资者》("The Super investors of Graham-and-Doddsville")的演讲,讲述了他在职业之初就认识的 9 位价值投资者的辉煌成果,他们的投资业绩在风险调整的基础上,始终优于市场。来自"格雷厄姆与多德部落"的投资者共同拥有的智力核心是:寻找企业整体的价值与代表该企业一小部分权益的股票市场价格之间的差异,实质上,他们利用了二者之间的差异,却毫不在意有效市场理论家们所关心的那些问题。他们根本不会浪费精力去讨论什么 Beta、资本资产定价模型、不同证券投资报酬率之间的协方差,他们对这些东西丝毫也不感兴趣。事实上,他们中的大多数人甚至连这些名词的定义都搞不清楚,他们只关心两个变量——价值与价格。巴菲特确信股票市场中存在着许多无效的现象,这些"格雷厄姆与多德部落"的投资人之所以获得成功,就在于他们利用市场无效性所产生的价格与价值之间的差异。

2013 年,美国经济学家尤金·法玛、拉尔斯·皮特·汉森以及罗伯特·

J.席勒获得诺贝尔经济学奖,以表彰他们对"资产价格的经验主义分析"作出的贡献。评选委员会表示,"可预期性"是当年获奖成就的核心。人们无法预期股票和债券在接下来三五天内的价格,但是却可以预测更长期的走势,例如在未来三年至五年内的走势,这些看似矛盾却又令人惊喜的发现,正是基于法玛、汉森和席勒的研究贡献。

格罗斯曼-斯蒂格利茨悖论(Grossman-Stiglitz Paradox)证明,由于信息成本的存在,市场效率和竞争均衡是不相容的,价格不可能是充分显示的。因为,如果价格是信息有效的,就不会有人花费成本来收集信息、研究信息并承担前期风险;而如果没有人去获取信息并据此决定其需求,新信息又不能被汇总或是以最快的速度体现到资产的价格中,于是价格就不会是信息有效的。市场交易的过程就是投资者不断把自己掌握的信息反映到市场价格上的过程,如果大家都不去收集信息,市场价格也就无从反映信息。

行为金融理论的崛起,则从另一个角度揭示出有效市场假说的局限性。行为金融并没有将市场参与者视为超级理性、对存有争议的效用函数完全遵守的行为人。相反,行为金融理论认为行为人存在各种各样的偏差、成见与倾向,而这些因素对市场与金融交易存在真实、可测度的影响。神经科学表明,人脑对不同时间跨度价值的处理是不一致的,人类天生是追求短期而忽视长期的。情绪是动物(包括人类)从环境和过去中学习的提高效率的工具,比如,恐惧就是一种非常有效的学习机制。

幸存者偏差是指当取得信息(或样本)的渠道,仅来自幸存者时,此信息可能会与实际情况存在偏差。幸存者偏差,是由优胜劣汰之后自然选择出的一个道理:未幸存者已无法发声。人们只看到经过某种筛选而产生的结果,而没有意识到筛选的过程,因此忽略了被筛选掉的关键信息。如果一群人的基数足够大,让一群人扔硬币,扔出正面的进入下一轮,扔出反面的被淘汰,那么出现连续十次扔出正面的人也就不奇怪了。如果仅从结果看,人们很可能会赋予这个人不一样的特征,比如,运气很好或扔硬币的技巧很高等等。人们对基金经理也可能这样来看,市场上热门的基金经理可能掌握很多只基金的操作,如果有其中的一只绩效不好,只要悄悄地让它消失就可以了,留下来的都是绩效很好的,那么,统计该基金经理的历史业绩的时候,只统计存留到目前的,从而吸引更多的投资者来购买。我们要统计一个基金经理长期的表现,从某种程度上讲,也会存在幸存者偏差:因为投资绩效不好的基金经理极有可能没有办法继续掌管任何一只基金的操作,而能够长期在基金经理岗位上的是绩效比较好的。

另外,"反向投资假说"认为,价值投资策略是针对"幼稚"投资者(也称为"噪声投资者")的投资行为进行反向投资而获得超额收益的策略。"幼稚"投资者错误地认为股价涨幅具有持续性,因此过多地投资于过去表现好的股票而很少投资于过去表现差的股票,使得前者的价值被高估而后者的价值被低估。价值投资策略就是针对"幼稚"投资者的反向投资,即更多地投资于被"幼稚"投资者低估的股票而更少地投资于被"幼稚"投资者高估的股票,从而获得超过市场的收益。这个观点其实与巴菲特和格雷厄姆的"市场先生"很类似:别人贪婪的时候你要恐惧,别人恐惧的时候你要贪婪。"风险假说"则认为,价值投资策略选择的股票实际承受了更高的基本面风险,因此高收益是对额外风险的补偿。换言之,在市场上,价格低不是没有理由的,有可能有其基本面上的原因。

Josef 等(1994)使用美国市场 1968—1989 年的数据,研究了明星股(glamor stock)和价值股(value stock)的表现,被高估的明星股是指过去表现良好、预计继续表现良好的股票,而被低估的价值股是指过去表现不佳、预计继续表现不佳的股票,实证研究表明,过去表现好的明星股的实际收入增长率、现金流增长率显著低于历史和预期,过去表现差的价值股的实际收入增长率、现金流增长率高于历史和预期,这表明市场实际上高估了明星股而低估了价值股。因此,利用历史增长率和预期增长率双重指标选出价值股与明星股,买入价值股并卖空明星股,投资者可以获得较高的超额收益(张然 等,2023)。这与价值投资中选择购买既廉价又优质的股票的策略是一致的。

进而言之,幸存者偏差在上市公司身上也会出现,比如,美国的纳斯达克市场每年退市的股票很多,而留下来的一般来讲是相对更好的,这样,如果只统计目前在市场上存留的上市公司的历史表现,就有可能"美化"上市公司整体的股价表现。WRDS 数据显示,1980—2017 年,美股市场仍上市和已退市的公司数合计达到 26505 家，扣除 6898 家存续状态不明的公司，仍处于上市状态的公司 5424 家，占比 28％；已退市公司 14183 家，占比 72％。成熟资本市场的退市公司数量和退市率普遍高于新兴市场，上交所和深交所的退市率极低。从退市原因来看，并购、财务问题及股价过低成为退市三把斧。中国股市难以优胜劣汰这一特征，是不是中国股市很多年指数徘徊不前的原因之一呢？

巴菲特提出的 9 位价值投资者的出色表现，是不是也存在幸存者偏差呢？其实，即便是投资风格最为相似的巴菲特与格雷厄姆，他们俩在投资股票的选择上也存在种种不同。价值投资能不能很好地概括这几位杰出投资人的特征，取决于如何对价值投资进行定义。但是即便有准确的定义，也很难保证价值投资的理念就一定能够取得市场投资实践中的好成绩，毕竟，与人类漫长的投资实践相比，这也是一个非常小的投资者样本，涵盖的历史时期也非常短。并且，"格雷厄姆与多德部落"的投资人大部分集中在美国，投资行为也集中在美国股市表现比较好的阶段，他们之所以获得成功，可能与特定的国家美国有关，美国在一战和二战中相对损失小、经济发展快并迅速成长为占据世界主导地位的经济体；也可能与美国股市阶段性的涨势有关，并且在 20 世纪，美国整个世纪的股权投资收益显著超出其他类别的资产。但是无论如何，格雷厄姆、巴菲特、林奇、邓普顿、墨比尔斯等人有一个相同的特点：他们对于投资对象的信息收集、分析工作极度痴迷，工作极其勤奋。

一个完美的有效市场，信息完全公开、信息完全传递、信息被投资者完全解读，并且没有任何信息及依据此信息采取行动的时滞。在这样的市场中，任何的交易策略都无法获得超额收益，但这样的市场需要投资者整体上无所不知（所有的信息获取和解读）且无所不能（把解读的信息及时反映到股价上），这是一个终极目标。每一天，每一个投资者，每一个市场的交易，都在趋向这个目标，但我们作为有着种种缺陷的人类，将永远行走在通向这个目标的路上（曹明，2018）。

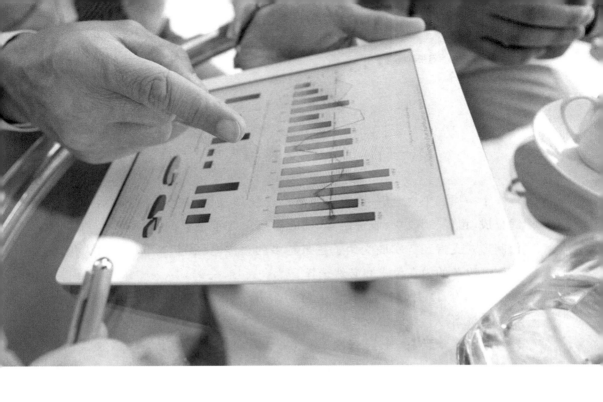

第五章 价值投资在中国的
历程与未来

第一节　股市发展与"政策市"

　　十一届三中全会后，国有企业改革曾经做过很多尝试，包括承包制、利润分成、租赁、利改税、股份制等，随着市场化改革进程的不可逆转，利用股份制形式支持经济发展受到了越来越多的关注，发展资本市场成为中国经济体制改革的内在要求和必然选择。

　　1986年11月，纽约证交所主席约翰·范尔森访华，他赠给邓小平一枚精美的证章——纽约证交所所徽。作为回赠，邓小平选中的礼物是新中国发行的第一张股票——一张编号为05743，面值50元的上海飞乐股票。邓小平告诉他，这只股票的资本金是165万元，发行了3.3万股。

　　1990年3月，深原野发行，深圳万人空巷，人如潮涌，证券公司玻璃柜台被挤碎。5月28日，深圳市政府通告，取缔场外非法交易。深圳发生的"股票热"引起了国家的高度关注，经过多次调查，党中央和国务院发布了一系列政策措施，决定保留上海、深圳的股份制及证券市场试点。1990年12月1日，深圳证券交易所试营业。1990年12月19日上午11点，是中国资本市场历史上重要的时刻，上海证券交易所正式鸣锣开业，首批交易的只有"老八股"，但上海证券交易所的正式开业，标志着新中国股市的正式诞生。

　　1991年，由于市场基础、监管制度、技术条件等方面的差异，沪深股市走出了分化行情。深市从1990年开始下跌行情，一直持续到1991年9月，跌幅之大堪称中国股市历史上的第一次股灾。为应对股市的持续下跌，深圳市政府设立了证券市场调节基金。沪市则一路上行，1991年算是一个牛市。

　　1992年年初，邓小平同志南方谈话申请"允许看，但要坚决试"的明确表态，解决了股票市场"姓资姓社"的长期争论问题。1992年10月，国务院证券委员会和中国证监会成立，中国股市迎来了新的发展阶段。

　　中国股票市场被称为"政策市"可以说始于1996年。1996年年初，国家的宏观调控转向，货币政策从全面收紧转向了宽松和降息，市场行情一路上涨。9月份以后，监管层开始试图降温，从9月下旬到12月中旬，监管层连续发布多项政策措施,被称为"十二道金牌",但依然没有遏制住牛市前进的步伐。12 月 16 日,《人民日报》头版头条发表特约评论员文章《正确认识当前股票市场》[①],认为当前股价暴涨是不正常和非理性的。该文章指出:"价格决定于价值,价格严重背离价值的情况只会是暂时的、短期的和有条件的,而不可能是长期的、永久的和绝对的。在一般情况下,股票价格主要是由上市公司的业绩决定的。就某一个上市公司而言,其经营业绩可能会因某种特殊的商业机会或发明创造而在一定时期内高速增长;但绝大多数公司的经营业绩是与国民经济的整体发展状况相联系的,上市公司即使比一般公司经营业绩好一些,也是有限度的。因此,作为体现上市公司群体股票价格水平的指数,无论是综合指数,还是成分指数,都是与国民经济发展的整体水平密切相关的,是国民经济发展状况的反映。"有意思的是,这篇想要调节股票市场整体走势的文章,却清晰地表达了中国证券市场管理层对于股票价格与价值之间关系的认识。

该文章发表后,1996 年 12 月 16 日,$T+1$ 及 10% 涨跌停板制度正式施行,上证与深证分别报收 9.91% 和 10.08%,呈跌停态势。12 月 17 日,上证指数再度以跌停报收,之后市场迎来 2 个月的筑底行情(当时的点位是 860点),后震荡上行,直至 1997 年 5 月 12 日的 1510 点。

1999 年 5 月 19 日,A 股市场行情突然大爆发,以极快的速度上攻,上海综合指数从 5 月 17 日的低点 1047 点涨到 6 月 30 日的最高点 1756 点,两个月时间里,指数涨幅高达 68%。5 月 19 日行情背后,一方面是货币政策和财政政策的刺激,中国经济出现了复苏,PPI(工业品出厂价格指数)在 1999 年开始向上回升;另一方面是席卷全球的网络股泡沫开始影响中国股市,使得很多传统的估值指标失效,市场对科技股和网络股的估值由"市盈率"转向"市梦率"(燕翔 等,2021)。

2000 年股市受到政策面和基本面双重利好的影响,A 股市场出现了大幅上涨的行情,上海综合指数全年上涨 52%,报收于 2073 点,超过了具有历史意义的 2000 点。2000 年 10 月,《财经》杂志刊登封面调查《基金黑幕》,披

---

① 　特约评论员. 正确认识当前股票市场[N]. 人民日报,1996-12-16(01).

露了投资基金的大量违规、违法操作事实，引发了整个社会的极大关注和讨论。10 月 16 日，被点名的 10 家基金管理公司联合发表声明，指斥《基金黑幕》一文以耸人听闻的形式刊发颇多不实之词和偏颇之论，它们说，"中国的基金公司已经是国内监管最严格、制度最完善、透明度最高的投资机构之一。"①一半个月后，吴敬琏先生接受中央电视台《经济半小时》和《南方周末》的采访时说："中国的股市很像一个赌场，而且很不规范。赌场里面也有规矩，比如你不能看别人的牌。而我们这里呢，有些人可以看别人的牌，可以作弊，可以搞诈骗。坐庄、炒作、操纵股价这种活动可以说是登峰造极。"②

吴敬琏的观点引发了证券行业和经济学界的巨大震动，厉以宁、董辅礽、萧灼基、韩志国、吴晓求五位经济学家公开回应吴敬琏的观点，认为中国证券市场是特定条件下，在中国经济由计划向市场转化的过程中产生的，存在许多问题也是不容回避的。但是，如何看待这些问题，应是从爱护的角度出发，以促进证券市场健康规范发展为目的，要像对待新生婴儿一样看待和爱护我国的证券市场。

吴敬琏的勇敢和直率让他的声望达到了顶峰。2000 年 12 月，中央电视台第一次评选"CCTV 中国经济年度人物"，在 10 位当选的人中，吴敬琏所获得的网络投票数量遥遥领先，排在"人气排行榜"的首位。

2001 年 9 月，中金公司发布了许小年执笔的一篇题为《终场拉开序幕——调整中的 A 股市场》③的研究报告。文章中说："我们认为目前的市场调整是不可避免，也是健康的。股价下跌……根本原因在于股价过高缺乏基本面支持，以及市场的不规范操作……"文章认为，当指数跌到较干净的程度——或许是 1000 点——政府再引入做空机制等一系列重建手段，再塑一个健康、完美的市场。

一语成谶，上海综合指数从 2001 年 6 月的最高 2216 点一路下跌至 2005 年 5 月的低点 998 点。但 2005 年是中国股市的转折年，股权分置改革取得突破性进展,又发生了印花税税率下降和保险资金获准独立入市等事件,在一系列利好的支持下,股指力挽狂澜走出了跨年度的回稳行情。

2006 年是中国股市发生转折的突破之年,在股权分置改革、汇率改革顺利推进的情况下,上市公司质量出现全面提升,主营业务收入与净利润指标均创下了有史以来的最高水平,加上低利率的市场环境,货币的流动性十分充足,深沪股市成交量放大,指数连创历史新高。2007 年股市持续上一年的涨势,其间央行十次提高准备金率、五次加息,都没有能阻挡 A 股的疯狂上涨步伐,2007 年 10 月 16 日上证指数最高达到 6124.04 点,创下了历史最高位。

从 1999 年到 2017 年,中国的 GDP 增长了整整 9.13 倍,从近 9 万亿元上升到 82.7 万亿元;而同期上证综合指数只上升了 1.42 倍。这 19 年间,中国名义 GDP 的增长率平均每年为 12.3%,而投资中国的 A 股市场的平均年化收益率只有 4.7%(未考虑股票投资的股息红利部分)。中国的股市并不是实体经济的晴雨表,它的表现与实体经济的表现严重背离(刘俏,2018)。

根据国家统计局官网数据,从 2017 年到 2023 年,中国 GDP 继续以中高速增长,从 83.2 万亿元增长到 126.0 万亿元,而同期的上海综合指数年收盘指数却从 3307.2 下跌到 2974.9,股市的表现与中国 GDP 的表现并不一致。

第二节　股市稳定与融资功能实现

一、股市融资:从服务国企解困到支持产业发展

在 1992 年 10 月正式确定建立社会主义市场经济体制之前,无论是理论界还是实务界,对于什么是社会主义,社会主义可不可以搞市场经济,计划与市场在社会主义经济中对资源配置分别起什么样的作用,股份制是不是资本主义经济所特有的企业组织形式,社会主义能不能有股票市场等重大理论问题都存在很大争论。因此,当时只是把股票市场作为一个试点来进行建设。

1992年,受到邓小平南方谈话的鼓舞,股市价格上涨、交易量大增。8月7日,深交所发布1992年度"新股认购抽签表发售公告",宣布发行国内公众股5亿股,发售抽签表500万张,中签率为10%,每张中签的抽签表有资格认购1000股。结果引来百万人争购,不到半天的时间,抽签表全部售完,深圳市政府当即作出增加发行的决定。

当时,国营企业的资金需求面临一定的困难。一些经济学家纷纷献策论证,认为"通过股票市场融资,是搞活和增强国营企业实力的战略选择"。证监会成立后,开始从全国范围统筹考虑上市指标的分配,以支持各地区和各行业企业的发展。

1996年新股发行改为"总量控制、限报家数"的指标管理办法。政策明确要求,股票发行优先考虑国家确定的1000家大中型企业特别是其中的300家重点企业,以及100家全国现代企业制度试点企业和56家试点企业集团,并鼓励在行业中处于领先地位的企业发行股票并上市。

1997年9月,十五大报告提出了一系列新的论断,包括:"公有制为主体、多种所有制经济共同发展,是我国社会主义初级阶段的一项基本经济制度;要全面认识公有制经济的含义,公有制经济不仅包括国有经济和集体经济,还包括混合所有制经济中的国有成分和集体成分。1997年中央经济工作会明确提出,用三年左右的时间,通过改革、改组、改造和加强管理,使大多数国有大中型亏损企业摆脱困境,力争到20世纪末使大多数国有大中型骨干企业初步建立起现代企业制度。1998年要以纺织行业为突破口,推进国有企业改革,努力使部分企业经营状况明显好转。1997—2000年,股票市场上资产重组题材此起彼伏。

1998年全国人大审议通过《证券法》,自1999年7月1日起施行。根据《证券法》规定,与国有企业和银行资金有牵连的机构资金必须撤出股市,不是综合类证券公司的自营资金也必须撤出。

1999年7月,国家经贸委、中国人民银行联合颁发了《关于实施债权转股权若干问题的意见》,表示将由国有商业银行组建金融资产管理公司,依法处置银行原有的不良信贷资产,同时为支持国有大中型企业实现三年改革与脱困的目标,设立金融资产管理公司作为投资主体实行债权转股权,企业相应增资减债,优化资产负债结构。实施债转股后,国企轻装上阵(包括上市),中国商业银行的不良率明显下降,这是后来银行股行情大爆发的重要因素。

2000 年 9 月 15 日,中联重科在深交所上网发行后,深交所事实上已经停止了在主板市场上的新股发行,开始为创业板的推出铺路。但 2000 年 9 月开始,美国纳斯达克指数连续暴跌,确认了互联网泡沫的破灭。

2001 年 6 月 12 日,国务院发布《减持国有股筹集社会保障资金管理暂行办法》,宣布国有控股公司发行流通股时,国有股减持 10% 充实社保基金。7 月 23 日,新股发售"国有股减持"正式开始,广亚北生等四家公司在招股说明书中表示,将有 10% 的国有股存量发行,其定价即为新股发行价。6 月 14 日,当天上证综指摸高到 2245 点,创历史新高后随即开始下跌开始,当日下跌 1.8%,从此拉开了 A 股连续四年熊市的序幕。虽然"国有股减持"在当年就被暂停,次年被国务院正式终止,依然无法阻止中国股市的连续下跌,一直到股权分置改革开始实施,国有股、法人股的减持有了一个相对合理的、投资者可以投票参与决定的办法,股市才算稳住,真所谓"解铃还须系铃人"。

2001 年 11 月 7 日,时任国务院总理朱镕基表示,吸取我国香港市场与世界其他市场的经验,把主板市场整顿好后,才推出创业板市场。

2004 年 2 月 2 日,国务院《关于推进资本市场改革开放和稳定发展的若干意见》(简称"国九条")出台,该意见提出鼓励合规资金入市,支持保险资金以多种方式直接投资资本市场,逐步提高社保基金、补充养老金等投入资本市场的资金比例,积极稳妥解决股权分置问题,稳步解决目前上市股份中不能上市流通股份的流通问题。

中小企业板是深圳证券交易所为了鼓励自主创新,而在主板市场内专门设置的中小型公司聚集板块。板块内公司普遍具有收入增长快、盈利能力强的特点,而且股票流动性好,交易活跃。2004 年 5 月 27 日,中小企业板开板,6 月 25 日,中小企业板举行首次上市仪式,新和成等 8 家公司挂牌上市。时任证监会主席尚福林在中小企业板开板仪式上的讲话指出:设立中小企业板块是分步推进创业板市场建设迈出的一个重要步骤,也是贯彻落实党的十六大、十六届三中全会精神，以及《国务院关于推进资本市场改革开放和稳定发展的若干意见》的一个具体部署。中小企业板块的设立，有利于拓宽中小企业的直接融资渠道，更大范围地发挥资本市场的资源配置功能；有利于对中小企业的培育、规范、引导和示范，促进中小企业的全面健康发展。

2005年，我国迎来了汇率制度的重要变革，7月21日，央行发布《关于完善人民币汇率形成机制改革的公告》。自2005年7月21日起，我国开始实行以市场供求为基础、参考一篮子货币进行调节、有管理的浮动汇率制度。人民币汇率不再盯住单一美元。美元对人民币交易价格调整为1美元兑8.11元人民币，作为次日银行间外汇市场上外汇指定银行之间交易的中间价，当天，美元兑人民币官方汇率由8.27调整为8.11，人民币升幅约为2.1％。人民币在此后的三年中持续升值。

2005年8月23日，中国证监会、国务院国资委、财政部、中国人民银行、商务部联合发布《关于上市公司股权分置改革的指导意见》，9月4日，中国证监会发布《上市公司股权分置改革管理办法》，上市公司股权分置改革全面推开。

2006年5月18日，中国证监会发布《首次公开发行股票并上市管理办法》，加上已实施的《上市公司证券发行管理办法》，表明全流通条件下的融资有据可依，标志着"新老划断"全面启动。

2007年，中国股市迎来有史以来最大规模的一次牛市，股权分置改革释放制度性红利，以基金为代表的金融资本第一次登台与产业资本博弈。3月5日，时任国务院总理温家宝在政府工作报告中指出，2007年要大力发展资本市场。

2008年是全球资本市场动荡不安的一年，美国次贷危机蔓延至全球，上证综指全年跌幅65％。2008年11月，财政政策放出大招，四万亿元投资计划正式推出以刺激经济发展。12月4日，国务院"金融国九条"出台，提及稳定股票市场。12月13日，国务院"金融三十条"出台，提及采取有效措施，稳定股票市场运行。

创业板开板仪式于2009年10月23日举行，这意味着酝酿10年之久的创业板正式开启。10 月 30 日,首批 28 家创业板股票在深交所登陆,当日盘中受到爆炒几度被停牌。创业板定位于促进自主创新型企业及其他成长型创业企业的发展,是落实自主创新国家战略的重要平台,是一个具有鲜明特色的新市场。时任证监会主席尚福林在创业板开板仪式上的讲话认为:推出创业板适应推动我国经济转型、促进平稳较快发展的需要,加快转变经济发展方式,推进经济结构战略性调整,优化产业战略性升级,是实现我国经济持续发展的客观要求;推动创业板是落实国家自主创新战略,促进科学技术向现实生产力转化的重要举措;推出创业板是拓展市场覆盖面,完善多层次资本市场体系的重要环节;推出创业板是培育和健全市场机制,促进资本市场长期稳定健康发展的必然选择。

创业板市场对自主创新的促进功能,突出体现在四个机制上。一是为科技企业提供资金支持的风险分担机制。除上市筹集发展资金外,创业板作为退出通道,还能极大地促进风险投资发展,为更广大的创业企业提供早期的融资支持。二是促进科技企业长期发展的规范机制。上市对公司治理、财务制度、信息披露等提出了更高的标准和要求,企业也将面临持续的监管与社会监督,这些都有利于企业的规范运作和长远发展。三是激励创业精神的示范机制,上市以后的财富效应将激励更多的人投身到创办企业中来。四是实现市场化选择的优胜劣汰机制,让市场资源向好的企业流动和集中(曹明,2010)。

股票市场发展初期以融资功能为重心有其历史必然性,佢在经历了 20 多年的发展后,我国资本市场仍然偏重融资功能,忽视市场投资功能,对投资者的利益考虑不够,一直未能洗脱"圈钱市"的恶名,这严重影响市场的健康、持续发展。刘克崮等(2012)的研究表明:1991—2011 年上市公司共募集资金 4.34 万亿元,非发起人股东现金分红仅 0.43 万亿元(另外向发起人股东分红 0.8 万亿元),现金回报率仅为 9.9%,而同期经过加权平均后的储蓄收益率为 47.2%。2001—2010 年中国上市公司平均股息率为 1.5%,同期美国、德国资本市场的股息率分别为 1.9% 和 2.6%。而上述时期正是中国经济高速增长的时期,其间上市的公司均为行业佼佼者,增长水平远高于同期世界其他主要市场上上市公司的平均盈利增长。另外,市场交易成本高。

1991—2011 年，投资者共缴纳各项税费 0.78 万亿元，其中政府收取印花税 0.69 万亿元、交易所收取经手费 0.07 万亿元、政府收取的证券监管费 0.02 万亿元，此外，证券公司收取交易佣金 0.53 万亿元，投资者共支付的交易成本合计 1.31 万亿元，是同期非发起人股东现金分红 0.43 万亿元的 3 倍（吴敬琏 等，2013）。

2013 年 1 月 16 日，新三板在北京金融街正式揭牌。实际上，这个新三板早在 2006 年就开始试点运营，初始是为了扶持北京中关村的高科技企业，然而六年只挂牌了一百多家公司，定向融资总额不到 18 亿元。此次揭牌，是一次全面的功能和定位升级。新三板面向全国的中小企业开放，上市门槛大大降低，几乎接近注册制。2013 年 12 月 14 日，《国务院关于全国中小企业股份转让系统有关问题的决定》发布。12 月 27 日，《国务院办公厅关于进一步加强资本市场中小投资者合法权益保护工作的意见》对外发布，同日证监会发布七项配套规则，这标志着新三板试点扩大至全国的工作启动，也意味着多层次资本市场建设取得重要进展。

2020 年 7 月 27 日，新三板精选层设立暨首批企业挂牌仪式举行，根据有关规章和规则，在新三板挂牌满一年的创新层公司可申请股票向不特定合格投资者公开发行并进入精选层；精选层股票实施连续竞价交易；精选层投资者证券资产准入门槛为 100 万元，公募基金可以投资精选层挂牌股票。精选层公司的治理和信息披露对标上市公司从严监管。根据全国中小企业股份转让系统公布的数据，2021 年全年，新三板挂牌公司成交金额 2148.16 亿元，换手率为 17.66%。截至 2021 年 12 月末，新三板挂牌公司总计 6932 家，总市值为 22845.4 亿元，市盈率 20.48 倍。新三板采用的是企业分层制度，根据不同企业的表现情况将其分为精选层、创新层和基础层。新三板已经成为资本市场新的一极。

2014 年 5 月 9 日，《国务院关于进一步促进资本市场健康发展的若干意见》（简称"新国九条"）发布，提出积极稳妥推进股票发行注册制改革，加快多层次股权市场建设，完善退市制度，支持有条件的互联网企业参与资本市场，促进互联网健康发展，扩大资本市场服务的覆盖面。

2015 年 12 月 9 日，国务院常务会议审议通过了拟提请全国人大常委会审议的《关于授权国务院在实施股票发行注册制改革中调整适用〈中华人民共和国证券法〉有关规定的决定(草案)》。

2017 年 10 月 18 日,中共十九大报告提出深化金融体制改革,增强金融服务实体经济的能力。IPO 发审实现重大改革,中国证监会发行审核委员会亮相,IPO 实现常态化。

"金融供给侧改革"在 2019 年被正式提出,科创板正式开板并试点注册制,以及新《证券法》的出台实施,意味着以资本市场为核心的直接融资市场在我国的金融市场中将发挥越来越大的作用。2019 年 6 月 13 日,科创板正式开板,时任证监会主席易会满在科创板开板仪式上表示,设立科创板并试点注册制,是深化资本市场改革开放的基础制度安排,是推进金融供给侧结构性改革、促进科技与资本深度融合、引领经济发展向创新驱动转型的重大举措。在上交所新设科创板,坚持面向世界科技前沿、面向经济主战场、面向国家重大需求、面向人民生命健康,主要服务于符合国家战略、突破关键核心技术、市场认可度高的科技创新企业。重点支持新一代信息技术、高端装备、新材料、新能源、节能环保以及生物医药等高新技术产业和战略性新兴产业,推动互联网、大数据、云计算、人工智能和制造业深度融合,引领中高端消费,推动质量变革、效率变革、动力变革。7 月 22 日,科创板首批 25 家公司上市。自开市以来,科创板整体运行平稳,充分发挥服务"硬科技"企业融资需求和推动实体经济高质量发展的功能。截至 2023 年 7 月 22 日,科创板 IPO 共有 546 家上市公司,实现融资规模高达 8500 亿元。科创板积极响应国家技术创新战略,引领中国科技创新。

2020 年 4 月 27 日,中央提出要推进创业板改革并试点注册制,中国资本市场的注册制改革开始从局部试点转向全面推广。8 月 24 日,创业板注册制首批企业在深交所上市,随后市场出现了一波对创业板公司的炒作行情。

2021 年 4 月,经中国证监会批准,深交所主板和中小板合并,合并后总市值超 20 万亿。

2021 年 11 月 15 日上午,北京证券交易所(简称"北交所")揭牌暨开市仪式举行,81 家首批上市公司集体亮相。北交所开市,是我国资本市场改革发展的又一重要标志性事件，进一步增强了我国多层次资本市场服务中小企业的能力和水平。北交所设立后，在资金募集、并购重组和交易估值等基础功能方面，更好地满足了创新型中小企业需要，助力中小企业实现更好更快发展。首批上市公司大部分属于行业细分领域的排头兵，涵盖 25 个国民经济大类行业，其中 17 家为专精特新"小巨人"企业，先进制造业、现代服务业、高技术服务业、战略性新兴产业等占比 87%。

北京证券交易所有限责任公司，是全国中小企业股份转让系统有限责任公司（简称"股转公司"，即新三板）的全资子公司。业内已经习惯将新三板的主管机构股转公司等同于新三板，因此，广义的新三板（大新三板）包括基础层、创新层、精选层。从隶属关系上，可以理解为精选层改名为北交所。新三板只剩下基础层和创新层，而想要进入北交所，又必须先进入创新层，这就是一个层层递进的选拔关系。改名后，北交所、创新层、基础层仍然都在股转公司旗下，还伴随政治和法律地位的提高。精选层的公司是未上市公众公司，平移到北交所后，成为上市公司、公众公司。

北交所的设立，意味着中小企业尤其是专精特新"小巨人"企业将迎来黄金时代。工信部公布的三批专精特新"小巨人"企业名单中，A 股上市公司约有 306 家，新三板挂牌公司约有 358 家，超过 A 股主板、科创板和创业板总和。新三板定位于为创新、创业、成长型的中小微企业进行股份公开转让、融资、并购等业务提供服务，连通了中小企业与民间资本。如果中小微创新创业型企业需要直接融资，但又暂时够不着主板、创业板、科创板上市门槛的，就可以考虑通过新三板融资。

2021 年以来，随着房地产市场的深度调整，一大批房地产企业出现了严重的债务危机，始于 2021 年 5 月的蓝光发展，发展到高潮是 2023 年 8 月的碧桂园。这些房地产企业包括蓝光、宝能、恒大、新力、花样年、当代置业、佳兆业、奥园、华夏幸福、富力、阳光城、正荣、龙光、禹洲、俊发、中梁、融创、世贸、建业、碧桂园。2020 年中国房地产企业 500 强排行榜前五位的是恒大、碧桂园、万科、融创和中海，而到 2023 年 8 月，恒大 2.4 万亿负债暴雷，有 677个未交付的楼盘，直接在美国申请破产！截至 2023 年 6 月底，碧桂园总负债约 1.36 万亿，融创总负债 8950 亿元，国企背景的万科总负债 1.28 万亿元，相继发布公告说面临经营上销售下降、到期债务刚性兑付的巨大困难。

2022 年 11 月 28 日,证监会新闻发言人就资本市场支持房地产市场平稳健康发展答记者问:房地产市场平稳健康发展事关金融市场稳定和经济社会发展全局。证监会坚决贯彻落实党中央、国务院决策部署,积极发挥资本市场功能,支持实施改善优质房企资产负债表计划,加大权益补充力度,促进房地产市场盘活存量、防范风险、转型发展,更好服务稳定宏观经济大盘。证监会决定在股权融资方面调整优化五项措施,并自即日起施行。包括:(1)恢复涉房上市公司并购重组及配套融资;(2)恢复上市房企和涉房上市公司再融资;(3)调整完善房地产企业境外市场上市政策;(4)进一步发挥 REITs 盘活房企存量资产作用;(5)积极发挥私募股权投资基金作用。

2023 年以来,由于股票市场极度疲软,8 月 27 日,《证监会进一步规范股份减持行为》中明确指出,上市公司存在破发、破净情形,或者最近三年未进行现金分红、累计现金分红金额低于最近三年年均净利润 30% 的,控股股东、实际控制人不得通过二级市场减持公司股份等。控股股东、实际控制人的一致行动人比照上述要求执行;上市公司披露为无控股股东、实际控制人的,第一大股东及其实际控制人比照上述要求执行。这一被认为是史上最严格的减持新规的发布,不仅有利于提振市场信心,活跃资本市场,而且有助于建立更为良性的股市生态。

2024 年 4 月 12 日,《国务院关于加强监管防范风险推动资本市场高质量发展的若干意见》发布,是资本市场第三个"国九条"。证监会党委书记、主席吴清认为,资本市场参与主体众多、运行机理复杂。一个好的市场生态中,机构投资者和个人投资者共生共长、长线短线各类资金各得其所、发行人投资人相互成就、市场各参与方归位尽责、监管与市场良性互动。这需要各相关方面共同把握好投融资、一二级市场、入口与出口、场内与场外等各类均衡关系,形成共建共治共享的资本市场有效治理。

第三个"国九条"的出台,是资本市场高质量发展的重要转折点,从以往的偏重融资转变到投融资均衡,从关注企业发展、产业发展和经济发展转变到关注投资者利益保护,彰显出不同于以往的目标取向和路径选择,可以预期,价值投资将真正迎来春天。

二、发行制度：放松管制与价格控制

自1990年我国证券市场建立，直到2000年，我国股票发行制度一直实施的是行政审批制度。这种审批制是完全计划的发行模式，实行"额度控制"，拟发行公司在申请公开发行股票时，要征得地方政府或中央企业主管部门同意，向所属证券管理部门提出发行股票的申请。经证券管理部门受理审核同意转报中国证监会核准发行额度后，公司可提出上市申请，经审核、复审，由证监会出具批准发行的有关文件，方可发行。

从2001年3月17日开始，我国正式实施核准制。核准制是指发行人在发行股票时，不需要各级政府批准，只要符合《中华人民共和国证券法》和《中华人民共和国公司法》的要求，即可申请发行。但是，发行人要充分公开企业的真实情况，证券主管机关有权否决不符合规定条件的股票发行申请。

2001年4月，证监会又推出了"通道制"，即每家券商只能拥有一定数量的通道，每条通道推荐一家企业，亦即券商同时推荐发行上市企业的数量有一个上限，通道循环使用，每发行一家才能再上报一家。

2001年12月29日，证监会发布了《证券发行上市保荐制度暂行办法》，对保荐机构和保荐代表人施行责任追究的监管机制从此建立。证券发行实施核准制确立了各市场参与主体"各司其职、各负其责、各尽其能、各担风险"的基本原则。实施保荐制度是对核准制这一基本原则的进一步贯彻落实。

中国证监会于2019年1月28日发布了《关于在上海证券交易所设立科创板并试点注册制的实施意见》（简称《实施意见》）。《实施意见》指出，科创板根据板块定位和科创企业特点，设置多元包容的上市条件，允许符合科创板定位、尚未盈利或存在累计未弥补亏损的企业在科创板上市，允许符合相关要求的特殊股权结构企业和红筹企业在科创板上市。科创板相应设置投资者适当性要求，防控好各种风险。

《实施意见》明确，为做好科创板试点注册制工作，将在五个方面完善资本市场基础制度：一是构建科创板股票市场化发行承销机制，二是进一步强化信息披露监管,三是基于科创板上市公司特点和投资者适当性要求,建立更加市场化的交易机制,四是建立更加高效的并购重组机制,五是严格实施退市制度。

《实施意见》强调,设立科创板试点注册制,要加强科创板上市公司持续监管,进一步压实中介机构责任,严厉打击欺诈发行、虚假陈述等违法行为,保护投资者合法权益。证监会将加强行政执法与司法的衔接;推动完善相关法律制度和司法解释,建立健全证券支持诉讼示范判决机制;根据试点情况,探索完善与注册制相适应的证券民事诉讼法律制度。

2021年9月2日,习近平主席在2021年中国国际服务贸易交易会全球服务贸易峰会致辞中宣布,继续支持中小企业创新发展,深化新三板改革,设立北京证券交易所,打造服务创新型中小企业主阵地,同时试点注册制。

2023年2月1日,中国证监会就全面实行股票发行注册制主要制度规则向社会公开征求意见。这次公开征求意见的制度规则包括《首次公开发行股票注册管理办法》等证监会规章及配套的规范性文件,涉及注册制安排、保荐承销、并购重组等方面。沪深证券交易所、全国股转公司(北交所)、中国结算、中证金融等同步就股票发行上市审核规则等业务规则向社会公开征求意见。这标志着经过四年的试点后,股票发行注册制将正式在全市场推开,开启全面深化资本市场改革的新局面,为资本市场服务高质量发展打开了更广阔的空间。同日,证监会还发布了《关于全面实行股票发行注册制前后相关行政许可事项过渡期安排的通知》,以确保全面实行注册制前后在审企业平稳有序过渡。

我国的新股发行定价办法经历三个阶段:1996年以前的发行公司与主承销商自定阶段、1996年至1998年的中国证监会核定阶段,以及1999年以来的发行公司与主承销商商定阶段。

具体来讲,1996年以前,发行公司与主承销商根据自己选定的市盈率和预测的每股税后利润确定新股发行价格。由于当时实施额度管理,各地为了让更多的公司上市,就控制每一家公司的发行数量。在发行数量比较少的情况下,为了募集更多的资金,发行公司便极力提高发行价,这样做必然提高发行市盈率和提高预测的每股盈利,结果就是发行市盈率奇高,预测的盈利无法兑现，甚至有些上市公司一上市便跌破发行价，引发投资者的不满。

1996年12月，中国证监会下发《关于股票发行工作若干规定的通知》，明确：1996年新股发行定价不再以盈利预测为依据，改为按过去三年已实现每股税后利润算术平均值为依据。该办法实施之初，市盈率仍由发行公司和主承销商自行选定。为了多募集资金，高市盈率发行是必然选择。有鉴于此，中国证监会开始对市盈率进行限制：根据二级市场同行业公司市盈率情况，具体核定每家公司的市盈率。

1997年9月，中国证监会下发《关于做好1997年股票发行工作的通知》，对股票发行价格的计算方法予以调整：按发行前一年每股税后利润（70％权重）与发行当年摊薄后预测每股税后利润（30％权重）的加权平均数及核定的市盈率计算新股发行价格。

1998年3月，中国证监会颁布了《关于股票发行工作若干问题的补充通知》，再次调整了新股定价方法：按发行当年加权平均的预测每股税后利润及核定的市盈率计算新股发行价格。其中，发行当年加权平均股本数＝发行前总股本数＋本次发行股本数×［（12－发行月份）］/12。

1998年12月，全国人大通过的《中华人民共和国证券法》第28条规定：股票发行采取溢价发行的，其发行价格由发行人与承销的证券公司协商确定，报国务院证券监督管理机构核准。1999年2月，中国证监会颁布了《股票发行定价分析报告指引（试行）》，明确：发行公司应向中国证监会报送其与主承销商共同签署的定价分析报告，作为中国证监会依法核准发行价格的重要依据之一。

随着"金融供给侧改革"在2019年被正式提出，科创板开板并试点注册制以及新《证券法》的出台实施，股票发行定价发生了深刻变化。

在一级市场长期供不应求的背景下，注册制下新股定价由发行公司与承销的证券公司协商确定，发行公司有足够的激励将发行价定得较高，以此来募集更多的资金。因此，在注册制下，高发行价、高市盈率和高超募率没有得到根本性改变。反而由于新股定价高，在二级市场低迷的情况下，一级市场与二级市场的价格逐渐接轨，新股在上市首日跌破发行价成为常态。

2022 年,科创板与创业板破发(上市首日收盘价跌破发行价)比例分别达到 40％和 20％,较 2021 年的 6％和 3％的个位数水平大幅提高。据德邦证券统计,发行市盈率在 100 倍以上的破发率为 29％,首日平均涨幅为 31.4％,而发行市盈率在 20 倍以下的破发率仅为 6.3％,首日平均涨幅达到 93.8％,发行市盈率过高是破发的主要因素。

经过 4 年的试点,股票发行注册制在资本市场全面铺开。2023 年 3 月 27 日,首批主板注册制新股正式开启网上申购,发行价格开始突破"23 倍市盈率红线"。注册制下的发行价格,由承销商与参与询价的机构投资者协商确定,并完善了以机构投资者为参与主体的询价、定价、配售机制,新股定价更为市场化。3 月 29 日,主板新股时隔四年多再次出现首日破发。并且,由于新股高开低走,长期走势弱于大盘,进而拖累了二级市场的大盘指数。

三、证券交易印花税调整与股市行情

在中国股票市场发展历史上,证券交易印花税一直是政府最重要的市场调控工具之一。由于税收征管权归财政部而非中国证监会,印花税的每次变动事实上都代表着中央政府最高层对于股票市场的态度变化。

1990 年 7 月,深交所开征证券交易印花税,税率为买卖双方各征 6‰。

1991 年 10 月,鉴于股市持续低迷,深圳市又将印花税税率下调为 3‰。

1992 年 6 月,国家税务总局和国家体改委联合发文,明确规定证券交易双方按 3‰缴纳印花税。

1997 年 5 月 10 日(星期六),为抑制投机、适当调节市场供求,国务院首次作出上调证券交易印花税的决定,自 5 月 10 日起,证券交易印花税税率由 3‰上调至 5‰。这是一个重大利空,但是市场继续向上,5 月 12 日上证综指再涨 2.3％。5 月 16 日,国家计委、国务院证券委确定 1997 年股票发行规模为 300 亿元,这比调增后的 1996 年股票发行规模还要再增加一倍,当日上证综指大跌 7.2％。5 月 22 日,国务院证券委、中国人民银行、国家经贸委发布《关于严禁国有企业和上市公司炒作股票的规定》,当日上证综指大跌 8.8％。

1998 年 6 月 12 日，为活跃市场交易，国家又将印花税税率由 5‰下调为 4‰。从 6 月初开始，股市行情急转直下。导致当时市场大跌的原因主要有两个，一是国内特大洪水，二是亚洲金融危机引起的香港"金融保卫战"。

1999 年 6 月 1 日，为拯救低迷的 B 股市场，国家又将印花税税率由 4‰下调为 3‰。6 月 15 日，《人民日报》头版头条发表了《坚定信心，规范发展》的特约评论员文章，指出：近期股市企稳回升反映了宏观经济发展的实际状况和市场运行的内在要求，是正常的恢复性上升。

2001 年 11 月 16 日，证券交易印花税税率由 3‰下调为 2‰。6 月 14 日的"国有股减持"政策成为股市下跌的直接导火索，上证综指达到 2245 点的历史高点之后，股市拉开了五年熊市的序幕。降低印花税后，股市依然没有起色。

2005 年 1 月 24 日，证券交易印花税税率由 2‰下调为 1‰。上证综指受印花税税率下调及保险资金获准独立入市等利好的影响，在 2 月底创出全年新高，此后由于扩容压力不断，6 月 6 日跌至 998 点的低点，全年下跌 8.33%。

2007 年 5 月 30 日，财政部调整证券交易印花税税率，由 1‰调整为 3‰。当日上证综指暴跌 6.5%，且在 5 个交易日内下跌达 15%，形成短期的股灾。但 2007 年是中国股市有史以来最大规模的一次牛市，其间央行十次提准、五次加息，甚至美国的次贷危机都未能抑制 A 股上涨的步伐。10 月 16 日，上证综指创下历史最高位 6124 点，上证综指全年涨幅为 94%。

2008 年 4 月 24 日，证券交易印花税税率由 3‰调整为 1‰，当日大盘以接近涨停报收，但利好行情仅仅维持了 7 天。5 月 30 日，中国证监会发言人称基金公司应当树立大局意识，维护市场稳定。上证综指从 2008 年 1 月 14 日触及年内最高点 5522 点后就一路下行，收盘于 1821 点，全年跌幅为 65%。

2008 年 9 月 19 日起，证券交易印花税由双边征收改为单边征收，税率保持 1‰不变。由出让方按 1‰的税率缴纳证券交易印花税，受让方不再征收。当日上证综指涨幅为 9.45%，但仅维持了半个月，A 股再度下跌。

差不多 15 年之后，2023 年 8 月 27 日，财政部、税务总局发布《关于减半征收证券交易印花税的公告》,确定:为活跃资本市场、提振投资者信心,自 2023 年 8 月 28 日起,证券交易印花税实施减半征收。

调降证券交易印花税税率有利于降低市场交易成本,减轻广大投资者负担,体现减税、降费、让利、惠民的政策导向。

从市场影响看,历次证券交易印花税税率下调均对资本市场形成很好的提振效果。比如,2008 年 4 月 24 日,证券交易印花税率由 3‰下调为 1‰,上证综指大涨 9.29%;2008 年 9 月 19 日,证券交易印花税由双边征收改为单边征收,上证综指大涨 9.45%;2023 年 8 月 28 日(星期一),证券交易印花税实施减半征收,上证综指最高涨 5.06%,但是收盘只是微涨了 1.13%,主要是因为整体行情比较疲软。

证券交易印花税的上调则比较少见,若有上调也主要是为了抑制股价的快速上涨,且往往与其他的政策配合使用。单独调整证券交易印花税并不能根本性地主导市场行情的长期变化,但是短期的利好和利空影响还是比较明显的。

作为"小税种",中国的证券交易印花税在财政收入当中的比重较低。2022 年,证券交易印花税占总税收收入的比例约为 1.6%。财政部数据显示,2023 年上半年,证券交易印花税收入 1108 亿元,同期税收收入 99661 亿元的 1.11%,占同期财政收入 119203 亿元的 0.93%。

从全球股市来看,包括美国、日本在内的多个股市都不征收印花税。其中,美国早在 1966 年便停止征收证券交易印花税,德国也在 1991 年停止征收,日本则在 1999 年 4 月 1 日取消了包括印花税在内的所有流通票据转让税和交易税,2000 年 6 月 30 日,新加坡也取消了证券交易印花税。此外,澳大利亚、加拿大、印度以及沙特阿拉伯均为零印花税。

2023 年 8 月 14 日,香港证券及期货专业总会发表了对香港 2023 年施政报告公众咨询的回应,要求撤销股票印花税,并称增加股票印花税严重打击了本地市场的交投量及从业者的生存空间。目前香港的股票印花税依然是双边征收 1.3‰。8 月 29 日,香港特区政府发布新闻公报,宣布成立促进股票市场流动性专责小组,全面审视影响股票市场流动性的因素。9 月 3 日,香港财政司司长陈茂波公开表示,调低股票交易印花税并不足以有结构性地、长期地刺激股市交投。以 1999 至 2001 年的经验为例,其间港股股票交易印花税三度下调,但日均成交额却由 1997 年的约 143 亿港元下降至 2002 年的约 60 亿港元。陈茂波认为,要改善股市表现,关键在于投资者对后市预期向好,这关乎入市的资金量和流向,取决于经济表现、公司业绩、是否持续有具潜力的企业上市等。

第三节　价值投资在中国

1996 年 1 月 24 日,《证券投资巨擘——华伦·布费》[①]发表在《上海证券报》上,作者为美国加州州立大学教授孙涤,华伦·布费就是我们今天熟知的世界最著名投资大师沃伦·巴菲特。通过这篇文章中国人开始接触到巴菲特价值投资的思想。但是在当时,这篇文章并没有引起投资者的注意。当时大家主要的投资分析工具还是技术分析,投资者热衷于分析 K 线图及其组合、成交量变化、均线关系,以及 RSI、MACD 等各种技术指标。

从理论上讲,一个证券或一个资产的价值等于其未来现金流的折现,这是非常清楚的。具体到企业,在计算这个价值的时候,我们起码需要关注三个方面的问题:(1)企业能否长久活下去? 这与企业的发展战略、商业模式、业务范围、消费者偏好、公司的治理结构与管理层的能力和信用等因素都有关系。(2)企业以一种什么样的方式活下去? 企业要长久地活下去,盈利是前提之一,在计算企业价值时要预测企业的现金流在时间上的分布模式,这涉及行业的竞争格局、企业产品的竞争力、企业的管理水平、企业拥有的各种资源情况等因素。(3)如何确定折现率? 这与投资者的机会成本、无风险收益率、通货膨胀率、对于未来风险大小和变化的预期等因素有关。难点在于,我们可能知道该企业目前的情况和相关因素的情况,但是对于未来,尤其是长远的未来,所有的情况和因素都在变化,而且变化和变化之间相互影响,其复杂程度难以计算,企业价值的预测只能是理论上的。也许我们可以

---

① 孙涤,1996.证券投资巨擘——华伦·布费[N].上海证券报,1996-01-24(10)。

从历史数据中找到一个行业或一类企业的历史发展模式，以此来模拟这个行业或者这一类企业的未来发展模式，但历史终究不是未来，预测的准确度难以保证。

因此，要在实践中践行价值投资的理念，并不是一件容易的事情。未来是不确定的，企业未来的盈利水平、现金流、折现率等等都是不确定的，甚至企业能不能在"创造性破坏"中长久生存都是问题。从长远来看，能够持续好下去的企业凤毛麟角，加上投资环境变化、信息不对称、投资者个体的生命有限等因素，国信证券经济研究所所长杨均明认为，长期价值投资可能具有理论意义，实践意义并没有那么大。长期价值投资理论是人类虚构创造的一个理论框架，投资人在这个框架内达成了一个共识，相互安慰，砥砺前行（燕翔 等，2021）。其言外之意是，长期价值投资及其理论是一种我们可以追求但难以达到的理想的状态。

张磊是高瓴集团创始人兼首席执行官，曾在耶鲁大学求学并在耶鲁大学捐赠基金的投资办公室实习，受教于著名投资人大卫·斯文森（David Swensen）。耶鲁投资办公室培养了一大批成功的投资人，张磊深刻体会到：或许，正是斯文森的榜样作用，让人们看到将受托人责任（fiduciary duty）与理性诚实结合到极致会产生多么伟大的结果。正是这样的道德标尺，使这里走出的每一位投资人都将自律、洞见、进化与学习作为不断追求的最核心能力。

高瓴集团成立于 2005 年，专注于长期结构性价值投资和产业创新，发现价值、创造价值。高瓴的投资人主要为全球性机构投资人，如：全球顶尖大学的捐赠基金、发达国家的主权基金、国家养老金、海外家族基金，以及全国社保基金理事会、保险公司、上市公司等。

张磊认为，价值投资是一条长期之路。长期主义不仅仅是投资人应该遵循的内心法则，而且可以成为重新看待这个世界的绝佳视角，应当以"时间是我们的朋友，而不是我们的敌人"作为投资分析的基础性思维和重要的决策标准。真正的投资，有且只有一条标准，那就是是否在创造真正的价值，这个价值是否有益于社会的整体繁荣。亚里士多德认为，任何一个系统都有自己的第一性原理，它是一个根基性的命题或假设。它不能被缺省，也不能被违背。在张磊看来,投资系统的第一性原理不是投资策略、方法或理论,而是在变化的环境中识别生意的本质属性,把好的资本、资源配置给最有能力的企业,帮助社会创造长期的价值。具体到价值投资层面,其出发点就是基于对基本面的理解,寻找价值被低估的公司并长期持有,从企业持续创造的价值中获得投资回报。并且,张磊认为,拥有极高的道德标准,把受托人义务置于首位,是投资人崇高的精神境界。价值投资者要强调理性的好奇、诚实与独立,拒绝投机(张磊,2020)。

但斌是中国价值投资的践行者,深圳东方港湾投资管理股份有限公司董事长。其对腾讯和茅台等企业的成功投资,引起广大投资者的注意。在《时间的玫瑰》一书中,但斌回顾了自己的投资成长历程,从实战中吸取经验教训,从最开始的技术分析坚定地转向了价值投资之路。但斌(2018)认为,投资比的是谁看得远、看得准、谁敢重仓、能坚持。东方港湾的经营宗旨是与伟大企业共成长、专注长期股权投资管理;工作目标是追求长期而稳健的增长。东方港湾在选择投资企业上,用一句英文来概括考察企业的八个方面"I met a huge magic figure",即:

I——industry,代表行业;

m——market,代表市场;

e——entrepreneur,代表企业家;

t——technology,代表技术;

h——human resource,代表人力资源;

m——management,代表经营管理;

c——culture,代表企业文化;

f——finance,代表财务状况。

入选的企业要符合以下的标准:(1)有长期稳定的经营历史;(2)有高度的竞争壁垒,甚至是垄断型企业,最好是非政府管制型垄断;(3)管理者理性、诚信、以股东利益为重;(4)财务稳健、负债不高而净资产收益率高,自有现金流充裕;(5)我们能够理解、能够把握的企业。

但斌(2018)认为,做投资的人,应该非常专注。巴菲特之所以伟大,不在于他在75岁的时候拥有了450亿美元的财富,而在于他年轻的时候想明白了许多事情,然后用一生的岁月来坚守。

高毅资产是私募基金中的佼佼者,规模在百亿元以上,成立以来一直是坚持进行价值投资的基金。高毅资产董事长邱国鹭曾任南方基金投资总监和投委会主席,曾创立过跨国对冲基金。高毅资产的主要基金经理,既有原来公募基金的投资经理(如邓晓峰曾任博时基金股票投资部总经理,还有卓利伟和孙庆瑞等),也有从民间走出的投资高手(如冯柳)。高毅资产可谓价值投资的本土派和实战派,在管理上有很多制度创新,包括投资经理跟投机制(确保投资经理与持有人的利益高度一致)、产品以投资经理名字命名(激发投资经理为自己的个人名誉而战)、投资经理业绩提成机制等等,真正从制度上促使投资经理将客户资金当作自己的资金来进行投资。邱国鹭等(2018)在《投资中不简单的事》一书中认为,投资本质上还是希望买到低估的东西,买到将来能够超过大家预期而成长的东西。看投资的本质,要从三个维度去思考:

一是行业的维度。要看行业的商业模式,挣钱是否容易;要看行业的竞争格局,格局决定结局;要看行业的空间,要的是成长期和稳定期;要看行业的门槛,门槛高才能维持很高的资本回报率和净利润率。

二是公司的维度。要找品类最优的公司。

三是管理层的维度。一看他的能力,看他在战略上是否清晰、聚焦,在战术上的执行力如何;二看他的诚信度。

从这三个维度去思考,其实核心就是要回答一个问题:时间是不是你的朋友,时间能不能让你所投资的资产创造越来越多的价值。因此,回归投资的本质,我们要找到好的公司,把握机遇,做时间的朋友,最终成为赢家。

李录是著名的投资人,喜马拉雅资本管理公司的创始人及董事长。查理·芒格是李录公司的投资人。李录在早期的投资也经历了很多波折,后来在查理·芒格的帮助下,李录对公司进行了彻底的改组,改组成早期巴菲特的合伙人公司和芒格的合伙人公司那样的结构。2015年10月,在北京大学的演讲中,李录对价值投资在中国的未来进行了展望。他认为,第一,资产管理行业是一个服务性行业,该行业的特点是服务质量如何难以评价,并且服务的报酬还比较高。因此,进入这个行业要把对真知、智慧的追求当作自己的道德责任,愿意投入大量时间和精力去成为一个学术型的研究人员,而不是成为所谓的专业投资者,同时,要真正建立起受托人责任的意识。第二,作为资产管理行业,我们需要知道,从长期看,哪些金融资产可以让财富持续、有效、安全可靠地增长?股票的价值核心是利润本身的增长反映到今天的价值。第三,价值投资是投资的大道,但又是需要花很长时间艰苦探索的大道。一个公司的成功需要很多人、很长时间,付出不懈的努力,还需要一些运气。真正地理解一个公司、一个行业,也需要付出很多的努力。从事行业最根本的要求,是一定要在知识上做彻彻底底、百分之百诚实的人。第四,中国在过去 20 年里的股票市场模式几乎和美国的 200 年是一模一样的。具体到一些大家耳熟能详的公司的成长,比如万科、格力、福耀、国电、茅台,这些公司也是从很小的市值发展到现在这么大(从 IPO 日至 2015 年 8月 31 日),最高的涨了 1000 多倍,最低的也涨了 30 倍。中国表现出的结果与其他国家也是一样的。如果把眼光放得长远一些,中国市场向着更加市场化、更加机构化、更加成熟化的方向去发展,价值投资在下一步经济发展中会扮演更重要的角色。真正的价值投资人应该会发挥越来越重要的作用(李录,2020)。

刘俏(2018)则认为,伟大企业最本质的特征就是价值创造。宏观经济的增长率=投资率×投资资本收益率。他从重塑中国高质量发展的微观基础的角度,分析了企业的微观指标投资资本收益率(ROIC)对于未来中国经济增长的意义。根据投资率和投资资本收益率不同的高、低组合,中国未来经济可能出现四种组合。(1)组合 1:高投资率和高投资资本回报率。这一组合从长期来看难以持续,在我国经历了改革开放后 40 多年时间高速增长的情况下,未来出现这种组合的可能性几乎为零。(2)组合 2:高投资率和低投资资本回报率。这一组合是中国的现状,目前投资率仍然居高不下,固定资产投资占 GDP 的比重维持在 40%~50%,比如 2022 年,资本形成总额拉动 GDP 增长 1.5 个百分点,对 GDP 增长的贡献率为 50.1%,但投资的效率低、增长的质量差。(3)组合 3:低投资率和低投资资本回报率。这一组合说明经济增长大幅放缓,是最为不利的情形。(4)组合 4:低投资率和高投资资本回报率。出现这一组合,中国经济仍然能够保持较高的增长速度,这也是党的十九大之后所倡导的"高质量发展"。因此,提高投资资本回报率才能实现未来的经济增长,因此企业要立足于创造价值,从追求大转变到追求伟大。

2024年2月28日,刘俏在第七届中国企业改革发展峰会暨成果发布会上提出,未来在建设企业估值体系的过程中,要考虑怎么把企业创造社会价值部分反映到企业估值里面来。从这个角度来讲,我们未来在估值理念上需要调整,可能需要企业,不管是央企还是大型国企、民企在企业运营管理过程中和市值管理过程中主动追求社会价值创造。刘俏的这一新观点,在原来观点的基础上融合了社会责任投资和ESG投资的理念。

中国的价值投资者,既有本土经过实战的经验教训最终坚定选择价值投资的,也有在国外学习、工作、投资中信服和实践价值投资获得成功的,比较一致的是,中国的价值投资者正在努力承担受托人责任、坚持长期投资,坚持以公司的内在价值为依归,也取得了不俗的投资业绩。价值投资在中国可不可行,目前还是有一定争议的。反对者说:中国股市是一个相对年轻、不成熟、波动大、效率低、政策干预多的市场。影响股票市场价格的因素复杂、众多,投资者热衷于打听各种消息、跟风炒作,价值从来不是投资者追求的目标,价格涨了才是硬道理。赞成者说:正是因为市场的非有效,才会有更多的机会买到价格远低于其价值的股票,在三十几年的发展历程中,真正带来长期良好收益的股票还是那些创造了更大价值的上市公司的股票,这与成熟市场的表现并无二致。并且随着市场管理越来越规范、投资者越来越成熟、监管政策和法律法规的约束加强,市场的有效性也在提升。

应该说,双方都有一定的道理。其实国外成熟的股票市场,也是这样发展过来的。人们对于企业创造价值促使公司股票价格上涨这个作用机制并不否认,问题是这个传导的效率和时间,以及人们对这个传导的信心。

第四节　价值投资的未来展望

　　系统从外界获取能量和物质的过程是"耗"的过程，向外界传递能量和物质的过程是"散"的过程。也就是说，对于系统而言，耗散具有方向性。价值投资也是一个耗散系统，从投资者投入资本成立企业，委托经理层管理企业并创造价值，最后通过分红或股票市场的价格上涨给投资者带来回报，资本又回到投资者手里。当然，对于投资者来说，这个过程是有风险的，企业有可能创造价值，也有可能不创造价值；有可能创造大的价值，也有可能创造小的价值；企业经营总是要面对未来的种种不确定，是有发生损失的风险的，所谓的"愿赌服输"，从这个意义上讲，投资者对于投资股票的这种风险是接受的。但是如果企业创造了价值，这个价值不能公平地回馈给投资者，比如，在控股股东利用控制权获取私利的时候，实际上就侵害了其他股东的利益；管理层也有可能追求自己的私利，从而损害股东的利益。在股票交易市场上，还有一些投资者利用信息优势、资金优势等等获取非法利益等等，那么这些风险，是投资者不愿意面对和承受的。每一个市场参与者都在整个投资的耗散过程中追求自己的利益，但"君子爱财，取之有道"，要想取得宏观经济层面的高质量发展，微观层面就需要提高企业创造价值的能力，市场主体之间也要形成公平合理的利益分配和激励机制，想要形成价值投资的良性循环，需要各个价值创造、分配环节的公开、公平和公正。

一、受托人责任与诚信文化

　　由于深受故乡（美国中西部）文化的影响，查理·芒格向来是诚实和正直的同义词，他和沃伦·巴菲特之间的相互信任也为世人所津津乐道，但他们不存在正式的合伙关系或契约关系——这种纽带是由两个相互理解、相互信赖的人的一次握手和拥抱创造出来的。芒格甚至把这一点列入他的选股原则中："好吧，这是一家好公司，但它的股价足够低吗？它的管理层是由芒格和巴菲特满意的人组成的吗?"芒格认为,在你应该做的事情和就算你做了也不会受到法律制裁的事情之间应该有一条巨大的鸿沟。巴菲特和芒格就是以这样的理念和态度来管理伯克希尔的,也就是以合伙人的态度(诚实、信用、很高的道德标准等)来管理公司。他们批评基金管理公司没有为基金投资者增加价值,反而每年收取 2% 的管理费,经纪商鼓励基金投资者在不同基金之间转来转去,让基金投资者多付 3% 到 4% 的费用;他们批评华尔街道德缺失,认为华尔街的道德水准永远至多只能说是中等;他们批评大型会计师事务所道德沦丧,认为创造性会计(伪造账目)绝对是对文明的诅咒;他们批评股票期权体系可能会使某些什么事情都没做的人得到大量的回报,而应该得到很多报酬的人却什么都没有;他们对金融机构和衍生品提出警告,认为衍生品系统简直是神经病,它完全不负责任;他们也对美国的律师、律师事务所和诉讼提出了批评⋯⋯

在信托行业发展的过程中,1829 年,哈佛大学与马萨诸塞州总医院状告阿莫里兄弟案是一个著名的案例。乔纳森·阿莫里和弗朗西斯·阿莫里兄弟负责管理已故波士顿商人约翰·麦克莱恩的遗产,他们用这些资金购入了两家棉花纺织公司的股票。而作为麦克莱恩遗嘱中在其遗孀去世之后接受其剩余遗产馈赠的哈佛大学和马萨诸塞州总医院则认为,兄弟二人对于高额股息回报的狂热追求,致使全部受托资产的安全受到了危害,暴露在了有可能完全损失的风险当中。马萨诸塞州高等法院首席大法官萨缪尔·普特南总结道:"因此,无论你投资什么类型的标的,这些资本都会处于风险之中。"最终,普特南的裁决毫不掩饰地表达出了对原告的驳斥。与英美体系中那种习惯上将诸如土地及公债这类特定品种的资产当作安全港湾的做法迥然相异,这位法官认为所有形式的资产都附带着一定程度的风险。事件发生的不确定性意味着,我们很难去界定一次成功的投资到底是依靠精明的策略还是市场的繁荣。而受托人的工作,则是要去观察那些慎重、严谨并且睿智的投资者是如何管理自身资产的,这种行为与投机无关,却与如何长久地配置自己的资金有关,他们既要关心可能的收益,也要留意投资大致的安全状况。换句话说,法庭的观点是,在一个市场中,评判一个人的行为是否足够谨慎,是一个纯粹主观性的命题,因为高收益与安全性之间的平衡点,永远都处在变动之中。

案例说明,尽管从法律上很难界定受托人的全部责任,或者去评价其投资和经营行为,但是也正因为如此,在法律管不到的地方,需要用道德去调节和约束人们的行为。从道德的角度,实际上要求受托人在诚实守信、谨慎勤勉和对委托人利益负责等方面有着比一般人更高的道德水平。

任何高度信任的系统都有被滥用的可能,因此,要不断地进行验证。董事会是股东大会选出来的,它是公司的董事会,它要对所有股东负责,而不是仅仅对大股东负责,它要履行受托人责任;公司管理层是董事会聘请的,要对董事会负责,最终是要对公司和所有股东负责,履行受托人责任;会计师事务所、律师事务所是公司聘请的,它要对公司负责,而不是对管理层负责,它要履行受托人责任。对于法律能够明确的受托人责任,应该有明确的界定;对于那些无法由法律界定的责任,应该通过各个市场参与主体以更高的诚信和道德标准来规范其行为。因此,要充分发挥行业协会(会计师、律师、董事、公司高管、上市公司等行业协会)等自律组织的作用,提高职业道德和执业标准,大力弘扬诚实守信、谨慎勤勉的受托人文化。

一个不能很好履行受托人责任与诚信缺失的股票市场,价值的创造、分配过程中有着种种的价值损耗,会扭曲委托代理关系、增加投资者的风险,进而降低投资者的投资意愿和投资能力。市场也将因此成为一个风险收益比不合理的市场,也就是不公平的市场。

二、公平概念与严刑峻法

什么是这个社会的公平呢? 那就是老百姓认为是公平的,那才是公平。比如说,在股票市场,小股东面对公司的经理层和公司的大股东,属于弱势群体;而如果法律或监管体系能够保护弱势群体的利益,就大概率地保证了整个市场的公平。

股东把钱交给经理经营,经理经营公司就是受股东之托,就要履行受托人责任;如果不履行,就要受到惩罚,这才是公平的。1929 年美国股票大跌之后,美国国会在 1933 年举行听证会调查股票市场崩溃的原因。当时有充分的证据显示,上市公司的造假情况非常严重,内幕交易盛行;且由于法制不健全,上市公司根本不注意信息披露,而股东大会代理制度也尚未建立,更让上市公司为所欲为。因此,美国 1933 年的《证券法》主要规范一级市场信息披露,而 1934 年的《证券交易法》罗列了股票市场的众多问题,政府的强力介入不可避免。

美国证券交易委员会利用宪法所赋予的无限制调查权力来保护中小股东,美国的普通法制度赋予股东集体诉讼的权利,只要一人胜诉,利益即同享于全体股东。美国这段特殊的历史造就了美国普通法制度与政府监管制度合力保护中小股东的方式。2023 年 12 月 26 日,上海金融法院审理的投资者诉泽达易盛及其实控人、高管、中介机构等 12 名被告的证券虚假陈述责任纠纷案以调解方式结案生效,中证中小投资者服务中心代表 7195 名适格投资者获得 2.8 亿余元全额赔偿,其中单个投资者最高获赔 500 余万元,投资者人均获赔 3.89 万元。这是中国证券集体诉讼和解第一案。

在股票市场的融资、投资、交易等各个环节,均存在信息的不对称和权力不对等,市场参与者(大股东、上市公司经理层、董事、拥有资金优势的投资者等)的任何一方都不可以利用自己的信息、资金、权力、渠道等等方面的优势谋取私人的利益,因此,虚假信息披露、操纵股价、内幕交易等等都是犯罪行为,都应该得到惩罚。但是如果法律法规给予的惩罚太轻,不足以遏制违法行为,就需要进一步优化和完善相应的法律法规,才能有效防止违法行为。

我国股票市场只有 30 余年的发展历史,相关的法律法规和监管制度也在不断完善中,人们对于股票市场的认识也在不断深化,比如,2001 年一个重大的制度变革是,中国证监会要求从 2002 年第一个季度起,所有上市公司实行编制披露季度报告制度。2002 年 1 月 7 日,《上市公司治理准则》发布,明确股东有权通过民事诉讼等法律手段获得赔偿。2003 年 12 月 15 日,《关于规范国有企业改制工作的意见》发布,明确规定国有股转让价格不低于净资产……

我国股票市场在发展过程中,提出了"三公"原则,即公平、公正和公开原则。其中,公平原则要求市场参与者具有平等的参与机会,公正原则要求市场交易必须按照公正的规则进行，公开原则要求市场信息必须公开透明。这些原则是维护股市公正、公平和透明的基础，也是投资者最为关注的问题。

在一场公平的游戏中，输赢是无法通过研究过去的表现来预测的。只有最为弱势的小股东受到了公平的待遇，整个市场才是公平的；只有所有的优势者都不想、不愿和不敢利用优势去谋取私利，这个市场才是公平的；市场的监管和法律法规与时俱进、不断优化，对所有市场参与者来说，也才是公平的。当然，对任何一个国家的股票市场来说，公平的市场是一种理想，是一个过程，也是一个永远都在追求中的目标。

只有在公平的市场，投资者才愿意把自己的资本投资到未来的企业经营风险之中，由此促进经济的发展和技术的创新，并收获自己的回报；如果逻辑反过来，只是为了促进一个国家或地区经济的发展和技术的创新，投资者承担的风险和回报就极有可能是不均衡的，这会降低投资者的投资意愿，从长期来看将损害投资者的投资能力。

公平的市场需要我们进一步完善中国的相关法律法规，加强监管，严厉打击侵害投资者合法权益的违法犯罪行为，尤其是要强化对于中小投资者利益的保护。要平衡好市场的融资功能和投资功能，只有投资者得到公平的待遇，才会有良性的价值创造和价值分配的循环，进而促进整个股票市场的健康发展。

三、社会责任投资与可持续投资

从 20 世纪 90 年代中期开始，社会责任投资者的注意力开始转向绿色问题。《联合国责任投资原则》（United Nations Principals for Responsible Investment，UNPRI）于 2006 年在纽约证券交易所发布，从国际社会层面进一步整合社会责任投资相关问题。在符合其信托责任的情况下，签署 UNPRI 的投资机构作出如下承诺：

（1）将 ESG 问题纳入投资分析和决策过程；

（2）成为积极投资者，并将 ESG 问题纳入其股权政策和实践；

（3）寻求被投实体合理披露 ESG；

（4）推动投资行业对责任投资原则的接受和落实；

（5）共同努力，提高责任投资原则实施的有效性；

（6）对实施原则的活动和进展进行报告。

可持续投资理念则从时间有效性的角度，看一项投资或没资战略是否可以持续。比如，具有不良环境记录的公司，它的价值随时可能因为法律诉讼、损害赔偿或罚款，以及其他监管制裁措施而降低，因此对它的投资是不可持续的。一个对员工不好或仅支付微薄工资的公司不能被看作可持续投资公司，因为该公司的股票价值可能会因为低生产率、低产品质量和昂贵的劳资纠纷而降低（马克·莫比尔斯 等，2021）。

在实践中，可持续性和 ESG 可被视为是等同的，ESG 是一个更加精确的术语，G 代表公司治理，考虑的是指导企业运行的规则体系以及遵守这些规则的程度。E（环境）、S（社会）和 G（公司治理）这三方面中最重要的是治理，对环境和社会的敏感是好的管理的重要组成部分，而确保好的管理是公司治理的一个必要目标。从投资者的角度，这也是投资者影响公司的途径。投资者通过一套由规则以及相关的权利和责任构成的治理体系来行使其所有者权利。投资者应该关注的公司治理问题并不仅限于腐败、欺诈、偷盗和其他形式的犯罪。代理成本，也就是雇用他人来经营企业的成本，包括：不称职、疏忽、冒进、利益冲突和利益与责任的冲突、透明度不足、不公平和不平等地对待股东、执委会和董事会的权力边界不清晰、董事会多元化程度不足以及由此引发的"群体思维"等风险（马克·莫比尔斯 等，2021）。

ESG 倡导的"绿色低碳""可持续发展""社会责任"等核心思想无疑与我国贯彻创新、协调、绿色、开放、共享的新发展理念高度一致。ESG 涉及的各类非财务信息，为价值投资分析提供了大量增补内容，扩大了价值的内涵，丰富了定量和定性分析的维度。自我国 2020 年 9 月明确提出 2030 年"碳达峰"和 2060 年"碳中和"目标以来，发展绿色经济逐步深入人心，ESG 理念越发受到关注。

（1）ESG 投资关注公司治理。投资者在投资过程中，通过考察管理层是否具有"主人翁"精神、能否以股东利益最大化为导向行事、是否德才兼备，从而最终评判公司治理情况对投资有无实质性影响。比如,管理层可能会试图将不成比例的剩余价值转移到自己的口袋里,承担额外或不必要的风险,追求次优战略,或者在与供应商、合作伙伴、合伙人或工会的谈判中过多或过少地让步。对大股东或控制股东来说,他们可能会坚持更符合其利益的股息支付方案、业务或营销策略、并购方案、高管及董事会的人事任命,而不是考虑其他所有股东的利益,这一情况在新兴市场比较突出。ESG 投资会关注指数基金管理人不会去深究的重要问题——"我们信任这家公司吗?"良好的公司治理包括:公平,所有股东都得到平等的对待;开放,所有的相关信息都同时披露给所有股东;保持一致,公司的管理层利益与股东利益相同;基于被普遍遵守的规则。良好的公司治理具有普遍性,因为它们源自商业场景的一般逻辑。

(2)ESG 投资关注环境保护。世界上不存在一成不变的"护城河",在价值投资中,每个行业的竞争优势都存在差别,且是动态变化的。"在'双碳'背景下,气候变化对于人类生存环境的影响是真实且迫在眉睫的。相关法律法规和行业自律规定会对某些行业的'护城河'产生实质性影响,从而为价值投资和 ESG 提供新机遇。"(马克·墨比尔斯 等,2021)

(3)ESG 投资关注社会责任。以股东价值为核心,不仅关注企业商业价值,同时也注重公司社会价值。积极履行企业社会责任,关注利益相关者的利益,平衡好公司价值与股权价值的关系,为股权价值的增长创造良好的外部环境。

当然,改革治理有两个维度——国家层面的宏观维度和企业层面的微观维度,两者都可以创造价值。宏观改革可以通过改善营商环境来创造价值。对投资者来说,最为重要的规则是有关权利和保护权利的规则,如产权、少数股东权利、获得公平审判的权利、确保司法独立和法律面前人人平等的权利,以及对监管机构、官员和行政管理人员的决定提出上诉的权利(马克·莫比尔斯 等,2021)。比如说,一股一票的原则有可能在实践中不能坚持:公司发行无投票权的股票,或者保留创始人股东的特殊投票权。ESG 投资也会推动国家治理更加稳定、负责、公正和高效。

ESG 是道,是一种价值观,是价值投资践行长期主义的必要前提;价值投资是术,是一种方法论,具有完善的逻辑体系和被广泛验证的实证基础。二者的联合,体现了诺贝尔经济学奖得主梯若尔所提倡的"既要做好事,又要赚钱"的理念。践行 ESG 理念,也成为金融行业、上市公司的必修课。

以沪市主板为例。数据显示,2022 年全部沪市主板公司均按照年报格式准则披露了基本的 ESG 信息,880 家公司披露了 ESG 专项报告,占比达到 52.1%。2022 年,沪市主板公司采取积极措施落实"碳达峰、碳中和"战略,超过 1300 家公司披露建立环保机制,环境保护相关资金投入近 1500 亿元,超过 1500 家沪市公司采取了减碳措施,减少排放二氧化碳当量超 8 亿吨,并有超过 240 家公司聘请了外部机构进行碳排放核算。

Wind 最新数据显示,截至 2023 年 12 月初,2023 年以来我国共发行 758 只、规模共计 10815.7 亿元的绿色债券,较云年同期 745 只 10566.6 亿元的市场规模,在发行只数上同比增加 1.74%,在融资规模上增长 2.36%,净增加 249.1 亿元。

2023 年 6 月 26 日,国际可持续准则理事会(International Sustainability Standards Board,简称 ISSB)正式发布首批国际可持续披露准则,《国际财务报告可持续披露准则第 1 号(IFRS S1)——可持续相关财务信息披露一般要求》及《国际财务报告可持续披露准则第 2 号(IFRS S2)——气候相关披露》于 2024 年 1 月 1 日正式生效。国际综合报告理事会(International Intergrated Reporting Council,IIRC)的目标是将财务报告推进到 ESG 时代。IIRC 是一个由监管机构、投资者、企业、标准制定者、会计师事务所和非政府组织组成的全球联盟,提出了一个价值创造的整体概念,作为公司财务报告发展的未来趋势。另一个独立的标准制定机构是全球报告倡议组织(Global Reporting Initiative,GRI)。GRI 帮助企业和政府了解其对腐败、人权和气候变化的影响。建立一套适应国内外趋势的 ESG 披露标准,更好地服务于我国高质量发展目标,相较以往更具迫切性。2023 年 8 月,国务院国资委印发《央企控股上市公司 ESG 专项报告编制研究》,统一了央企上市公司发布的 ESG 报告框架。

指数基金在寻求低成本的过程中,实际上放弃了投资者治理的角色。在新兴市场,尤其需要敏锐且积极的投资者推动并督促企业改善其 ESG 绩效。ESG 投资兼顾眼前与长远，兼顾股权价值与社会价值，以及一部分财务和一部分非财务的双重回报率，是新范式投资者商业模式不可缺少的部分。ESG 是一个共识，是这些代表了时代精神不同侧面的群体的共同认知。ESG 投资希望以良好的公司治理、社会治理和国家治理为基础，构建价值投资的坚实基础。

四、上市公司高质量发展与价值投资

从长期角度看，要使生产能力不断提高，只有通过以下三个渠道：(1)机器、设备及物质资本的积累，即投资；(2)知识与技能等人力资本的积累，即教育，包括在职培训；(3)技术进步带来的生产率的提高。简而言之，长期的经济增长靠的不是消费，投资、教育和技术进步才是经济增长真正的"三驾马车"或三大引擎。这三大引擎都与广义的投资有着内在的联系，并且，投资的地位很特殊，它不仅创造短期需求(与出口和消费一起，影响短期的经济波动)，也创造长期供给(朱天，2024)。

2024 年 1 月 31 日，习近平总书记在主持中共中央政治局第十一次集体学习时强调，必须牢记高质量发展是新时代的硬道理，全面贯彻新发展理念，把加快建设现代化经济体系、推进高水平科技自立自强、加快构建新发展格局、统筹推进深层次改革和高水平开放、统筹高质量发展和高水平安全等战略任务落实到位，完善推动高质量发展的考核评价体系，为推动高质量发展打牢基础。发展新质生产力是推动高质量发展的内在要求和重要着力点，必须继续做好创新这篇大文章，推动新质生产力加快发展。

高质量发展侧重于经济发展方式转型，强调从依赖资源投入、以产出规模为首要目标的粗放型发展方式转向以创新驱动、高效协调、环境友好等为主要特征的高质量发展方式。

从宏观角度，投资对于扩大需求、促进经济结构调整和经济高质量发展都具有重要意义。资本市场发展的基本目标是推进中国式现代化，资本市场的高质量发展是一个时代命题，经济的高质量发展需更好发挥资本市场的枢纽作用。为适应投资促进高质量发展的要求，要充分发挥市场在资源配置中的决定性作用和更好发挥政府作用,需进一步深化投融资体制改革,高质量的资本市场要求交易的是高质量标的和产品。

从微观角度,上市公司是经济高质量发展的重要微观基础,推动上市公司高质量发展有助于高水平科技自立自强、加快建设现代化产业体系,有助于增强市场信心。要将"投资有回报"作为发展质量和效益的重要方面,上市公司质量突出体现在给投资者的回报上。投资作为经济增长的重要推动力,其效益在很大程度上影响着经济发展的质量。只有上市公司高质量发展了,资本市场涌现出更多的优质企业,才能以融资企业的高质量发展持续回馈投资者,为投资者提供长期的、稳定的投资回报,从而促进资本市场形成投资端和融资端共生共长的良性生态。

上市公司的高质量发展,是活跃资本市场的重要基础,是资本市场信心的来源。2020年10月5日,《国务院关于进一步提高上市公司质量的意见》发布,指出资本市场在金融运行中具有牵一发而动全身的作用,上市公司是资本市场的基石。提高上市公司质量是推动资本市场健康发展的内在要求,是新时代加快完善社会主义市场经济体制的重要内容。2022年11月,证监会制定了《推动提高上市公司质量三年行动方案(2022—2025)》(简称《行动方案》),提出上市公司是我国经济的支柱力量,提高上市公司质量对于建设中国特色现代资本市场、服务实体经济高质量发展具有重要意义。《行动方案》在八个方面提出了相应措施,具体包括:(1)优化制度规则体系,提升监管规则的科学性;(2)聚焦公司治理深层次问题,夯实上市公司规范发展的基础;(3)完善信息披露制度,提高上市公司的透明度;(4)优化上市公司整体结构,提升发展的韧性和活力;(5)推动上市公司稳健发展,维护资本市场平稳运行;(6)健全打击重大违法长效机制,营造上市公司发展良好环境;(7)加快上市公司监管转型,提升监管效能;(8)加强协作联动,形成推动上市公司高质量发展的强大合力。央企是国民经济发展的"顶梁柱"和"压舱石",2022年5月,国资委发布《提高央企控股上市公司质量工作方案》,旨在推动上市公司内强质地、外塑形象,争做资本市场主业突出、优强发展、治理完善、诚信经营的表率,让投资者走得近、听得懂、看得清、有信心,打造一批核心竞争力强、市场影响力大的旗舰型龙头上市公司,培育一批专业优势明显、质量品牌突出的专业化领航上市公司。

高质量发展是中国经济的必然要求，也是中国经济的必由之路。高质量发展呼唤市场的公平、公开、公正和诚信；高质量发展呼唤良好的公司治理；高质量发展呼唤高水准的职业规范和道德自律；高质量发展呼唤 ESG 投资、可持续投资、社会责任投资，ESG 对上市公司的高质量发展具有内在驱动力；高质量发展呼唤良好的法治环境、营商环境、社会环境和自然环境等等。

总之，价值投资是有前提的，这个前提就是经济的高质量发展、资本市场的高质量发展和上市公司的高质量发展。只有拥有一大批高质量的公司，整个社会才会不断创造价值，价值投资才拥有广阔、坚实和可持续的基础；与此同时，只有坚持价值投资，社会的资源才会源源不断地输送给不断涌现的能够承担风险、持续创新、最终创造价值的企业；价值投资与高质量发展相得益彰、相辅相成、相互促进，是我国经济转型发展的必然选择。上市公司高质量发展，不仅是资本市场健康发展的内在要求，也是服务构建新发展格局的重要途径，更为价值投资提供了广阔的、充满希望的田野。

参考文献

本杰明·格雷厄姆,戴维·多德,1999.证券分析[M].邱巍,等,译.海口:海南
　　出版社:4-12.

彼得·德鲁克,2006.公司的概念[M].慕凤丽,译.北京:机械工业出版社:21,
　　36.

彼得·考夫曼,2010.穷查理宝典:查理·芒格的智慧箴言录[M].李继宏,
　　译.上海:上海人民出版社:104.

彼得·林奇,约翰·罗瑟查尔德,2002.彼得·林奇的成功投资[M].焦绪凤,
　　王红霞,译.北京:机械工业出版社:XⅡ.

曹明,2010.中国创业板市场战略定位探析[J].投资研究(2):57.

曹明,2018.回归本原:风险视角下的投资研究[M].厦门:厦门大学出版社:
　　175.

陈国进,钟灵,首陈霄,2017.企业R&D投资与股票收益:理论建模与实证检
　　验[J].经济学动态(7):88-99.

陈志武,2015.财富的逻辑2:所有的泡沫终将破灭[M].西安:西北大学出版
　　社:50-60.

褚剑,方军雄,2016.中国式融资融券制度安排与股价崩盘风险的恶化[J].经
　　济研究,51(5):143-158.

但斌,2018.时间的玫瑰[M].北京:中信出版社:1-2,67-69.

蒂姆·哈福德,2022.拼凑真相:认清纷繁世界的十大数据法则[M].郑晓云,
　　译.北京:中信出版社:211-234.

郭庚信,2022.被扭曲的经济学[M].张亚光,吕昊天,译.北京:中信出版社:
　　105-106.

洪灏,2020.预测:经济、周期与市场泡沫[M].北京:中信出版社:5.

霍华德·马克斯,2019.周期:投资机会、风险、态度与市场周期[M].刘建位,译.北京:中信出版社:1-2,124-125.

孔宁宁,张新民,李寅迎,2010.成长型公司财务报表分析与股票未来收益:来自中国上市公司的经验证据[J].会计研究(5):37-43.

郎咸平,2008.郎咸平说:公司的秘密[M].北京:东方出版社:12-17.

劳伦·C.邓普顿,斯科特·菲利普斯,2022.逆向投资:邓普顿的长赢投资法[M].杨晓红,译.北京:中信出版社:V-51.

李录,2020.文明、现代化、价值投资与中国[M].北京:中信出版社:170-223.

李勉群,苏子英,2019.阿尔法经济学[M].张然,译.北京:北京大学出版社:11,89-93.

刘克崮,王瑛,李敏波,2012.建设投融资并重的资本市场[J].比较(68):218.

刘俏,2018.从大到伟大 2.0:重塑中国高质量发展的微观基础[M].北京:机械工业出版社:19,32-34,42-53,100-101,108-113.

陆正飞,宋小华,2006.财务指标在股票投资决策中的有用性:基于中国证券市场的实证研究[J].南开管理评论(6):31-38.

路易吉·帕加内托,埃德蒙·S.菲尔普斯,2013.金融、研究、教育与增长[M].路蒙佳,译.北京:中国人民大学出版社:3-24.

罗伯特·希勒,2013.金融与好的社会[M].束宇,译.北京:中信出版社:248-249.

罗格·洛温斯坦,2006.赌金者:长期资本管理公司(LTCM)的升腾与陨落[M].孟立慧,译.上海:上海远东出版社:283.

罗文全,2018.适应性市场[M].何平,译.北京:中信出版社:229-230.

马克·墨比尔斯,卡洛斯·冯·哈登伯格,格雷格·科尼茨尼,2021.ESG 投资者[M].范文仲,译.北京:中信出版社:4-9,10-11,49,64,160.

马克·泰尔,2005.巴菲特与索罗斯的投资习惯[M].乔江涛,译.北京:中信出版社:37-38.

尼尔·弗格森,2009.罗斯柴尔德家族第一部:金钱的先知[M].顾锦生,译.北京:中信出版社:1-2,302-305.

诺顿·雷默,杰西·唐宁,2017.投资:一部历史[M].张田,舒林,译.北京:中信出版集团:89-90,98-99,275.

乔治·阿克洛夫,罗伯特·希勒,2009.动物精神[M].黄志强,等,译.北京:中信出版社:6.

邱国鹭,邓晓峰,卓利伟,等,2018.投资中不简单的事[M].成都:四川人民出版社:3-6.

上海证券交易所研究中心,2006.中国公司治理报告(2006):国有控股上市公司治理[M].上海:复旦大学出版社:1-3.

沈联涛,2010.监管:谁来保护我投资[M].程九雁,叶伟强,译.南京:江苏文艺出版社:58-59,90-92.

沃伦·巴菲特,查理·芒格,劳伦斯·A.坎宁安,2022.巴菲特投资之道[M].路本福,译.北京:北京联合出版公司:8.

吴敬琏,厉以宁,林毅夫,等,2016.供给侧改革引领"十三五"[M].北京:中信出版社:231-232,235-236,239.

吴晓波,2007.激荡三十年:中国企业 1978—2008(上)[M].北京:中信出版社:282-283.

谢百三,2003.证券市场的国际比较:从国际比较看中国证券市场的根本性缺陷及其矫正(上册)[M].北京:清华大学出版社:270-271.

谢谦,唐国豪,罗倩琳,2019.投资者如何利用财务报表盈余信息:现状、问题与启示[J].会计研究(8):41-47,94.

许小年,2011.从来就没有救世主[M].上海:上海三联书店:24.

燕翔,战迪,2021.追寻价值之路:1990—2020 年中国股市行情复盘[M].北京:经济科学出版社:1-5,123.

俞红海,陈百助,蒋振凯,等,2018.融资融券交易行为及其收益可预测性研究[J].管理科学学报,21(1):72-87.

约翰·S.戈登,2005.伟大的博弈:华尔街金融帝国的崛起[M].祁斌,译.北京:中信出版社:53,117-118,251-253.

约翰·博格,2017.共同基金常识[M].巴曙松,等,译.北京:北京联合出版公司:50-52,245-262,333.

约翰·肯普夫纳,2023.为什么是德国:德国社会经济的韧性[M].胡文菁,译.杭州:浙江人民出版社:5.

约翰·特雷恩,2009.大师的投资习惯[M].刘晶晶,译.北京:中信出版社:220,230-231.

张磊,2020.价值[M].杭州:浙江教育出版社:113-114,163-164.

张然,汪荣飞,2023.基本面量化投资18种经典[M].北京:北京大学出版社:1-6.

长江商学院,2016.从月球看地球:长江教授纵论中国经济和企业管理[M].北京:中国友谊出版公司:489-491.

郑宏泰,黄绍伦,2007.香港股史1841—1997[M].上海:东方出版中心:4-5.

周开国,2009.香港股票市场的微观结构研究[M].北京:北京大学出版社:28-29.

周铭山,张倩倩,杨丹,2017.创业板上市公司创新投入与市场表现:基于公司内外部的视角[J].经济研究,52(11):135-149.

周小川,2012.国际金融危机:观察、分析与应对[M].北京:中国金融出版社:399-400.

朱宏泉,舒兰,王鸿,2011.杜邦分析与价值判断:基于A股上市公司的实证研究[J].管理评论,23(10):152-161.

朱天,2024.赶超的逻辑:文化、制度与中国的崛起[M].北京:北京大学出版社:62-88.

BECK T，LEVINE R L N，2000. Finance and the sources of growth[J]. Journal of financial economics，58：261-300.

BERNARD L V，THOMAS J K，1990. Evidence that stock prices do not fully reflect the implications of current earnings for future earnings [J]. Journal of accounting and economics，13(4)：305-340.

BOEHMER E，JONES C M，ZHANG X Y，2008. Which shorts are informed[J]. Jornal of finance，63：491-527.

CHEN L C L K，LAKONISHOK J，SOUGIANNIS T，2001. The stock-market valuation of research and development expenditures[J]. The journal of finance，56(6)：2431-2456.

COWLES ALFRED Ⅲ，1933.Can stock market forecasters forecast? [J]. Journal of econometrica，1(3)：309-324.

DELONG B J，SHLEIFER A，SUMERS L H，WALDMANN R J，1990. Noise trade risk in financial market[J].Journal of political economy，98：703-738.

FAMA E F，1970. Efficient capital market：a review of theory and empirical work[J]. Journal of finance，25(2)：383-417.

HIRSHLEIFER D，HSU P-H，LI D，2013.Innovative efficiency and stock returns[J]. Journal of financial economics，107(3)：632-654.

JENSON M C，1968. The performance of mutual funds in the period 1945—1964[J]. Journal of finance，23(2)：389-416.

JOSEF L，SHLEIFER A，VISHNY R W，1994. Contrarian investment，extrapolation，and risk[J]. Journal of finance，49(5)：1541-1578.

KRAEMER K，LINDEN G，DEDRICK J，2011. Capturing value in global networks：Apple's iPad and iPhone[R]. UC Berkeley and Syracuse working paper.

LAPORTA R，LOPEZ-DE-SILANCES F，SHLEIFER A，et al.，2000. Investor protection and corporate governance[J]. Journal of finance economics，58(1-2)：3-27.

LAPORTA R，LOPEZ-DE-SILANCES F，SHLEIFER A，et al.，1998. Law and finance[J]. Journal of political economy，106(6)：1113-1155.

LAPORTA R，LOPEZ-DE-SILANCES F，SHLEIFER A，et al.，1997. Legal determinants of external finance[J]. The journal of finance，52(3)：1131-1150.

LAPORTA R，LOPEZ-DE-SILANCES F，SHLEIFER A，et al.，1999. Corporate ownership around the world[J]. The journal of finance，54(2)：471-517.

LEE，C，SUN S T，WANG R，ZHANG R，2019. Technological links and predictable returns[J]. Journal of financial economics，132(3)：76-96.

MARX NOVY R，2013.The other side of value：the gross profitability premium[J]. Journal of financial economics，108(1)：1-28.

MORCK R，YEUNG B，YU W，2000.The information content of stock markets：why do emerging markets have synchronous stock price movement? [J]. Journal of financial economics，58：215-260.

PAGANO M，PANETTA F，1998.Why do companies go public? An ompirical analysis[J]. Journal of finance，53(1)：27-64.

PENMAN，H S，ZHU J L，2014.Accounting annmalies，risk and return [J]. The accounting review，89(5)：1835-1866.

RANDALL M，BERNARD Y，WAYNE Y，2000. The information content of stock markets：why do emerging markets have synchronous stock price movements? [J]. Journal of financial economics，58：215-260.

ROLL R，1988. The stochastic dependence of security price changes and transaction volumes：implication for the mixture-of-distribution hypothesis[J]. Journal of Finance，43(3)：541-566.

SLOAN，G R，1996. Do stock prices fully reflect information in accruals and cash flows about future earnings? [J]. The accounting review，71(3)：289-315.

SOLIMAN T M，2008. The use of DuPont analysisis by market participants [J]. The accounting review，83(3)：823-853.

ZINGALES L，1995. What determines the value of corporate votes? [J]. Quarterly journal of economics，110：1047-1073.

后 记

1989 年秋，我从北京到"北国春城"——吉林省长春市，在吉林大学哲学系攻读科技哲学专业的研究生。读研究生的第一年，根据学校的安排，曾经到工厂锻炼，去的是长春客车厂预处理车间；也曾经到农村参加扶贫工作，住在村里，与长春市政策研究室的干部一起做扶贫的调研。在学校学习的日子，每天晚上，男生寝室里总有关于哲学、宗教等问题的讨论和争论，有点虚无缥缈，也有点不着边际，但是莫测高深。讨论中大家都很投入，争论最多的往往是概念，没有人可以给出一个准确的定义，即使有，也很难让辩论对手信服你给出的定义，因而讨论的场面很是热烈，但往往没有结果。尽管如此，与问题相关的逻辑的空间仿佛在眼前徐徐展开，各种可能性让你沉浸其中，乐而忘返，就好像小孩子紧紧抓住喜欢的玩具不放，这可能就是知识的魅力吧！

记得是读研究生的第二年，哲学系和法律系的研究生搬到了吉林大学的新校区。刚开始启用的新校区，图书馆很大，学生不多。哲学原著很烧脑，读起来很费劲，经常是拿起来又放下，我几乎没有完整地读完过一本哲学原著。我喜欢借阅一些经济类的图书，尤其是财务类的书，觉得很有意思，传记类的书也看了不少，对于投资、股票模模糊糊有些印象。

1992 年，邓小平同志南方谈话之后，"春天的故事"在神州大地唱响，一夜之间，全国的面貌为之一变。人们开始热烈地谈论各种各样的生意和尝试办公司，从政府机关、事业单位下海的人也比比皆是，经商成了潮流和时髦的事。人们不再羞于和耻于谈论赚钱和发家致富。那时候的人也很特别，总觉得未来有无限的可能，只要好好干，明天一定会更好。

之后，机缘巧合，我从机关走出来，开始在中国国际期货经纪有限公司从事期货交易，最开始的工作是写行情分析报告，紧急恶补了一下技术分析，尽快学以致用。公司的培训也比较规范，还组织员工做美国期货资格考试的题目。当时有外盘交易，交易时间是在晚上，印象中咖啡期货的价格波动很大，投资者难以把握，各种各样的技术分析指标好像也不管用。

到了 1995 年，我开始转做国内商品期货交易，其中有一年多的时间在苏州商品交易所、海南中商所任出市代表，也就是代表公司在交易所进行交易的场内交易员，俗称"红马甲"。当时主要的交易品种有钢材、胶合板、天然橡胶、红小豆等品种，因为交割仓库、铁路运输等的限制或者交易品种本身的特点，加上交易交割制度等方面的缺陷，多逼空或者空逼多的行情时有发生，期货价格波动幅度大，普通投资者赚钱的难度不小。也有一些把期货交易和现货贸易结合起来的投资者，相对来说，这类套期保值的投资者盈利的概率大大提高。我看到客户赚钱，自然很高兴；看到客户赔钱，心里自然也不舒服。最让人烦恼的是，经常要应付亲朋好友的问题：你们的客户赚钱吗？期货不是零和游戏吗？如果客户不赚钱，你们这个生意如何持续下去？

与此同时，我也开始买卖股票。买过深发展、湘中意，也买过 STAQ 系统的法人股，其中有一只股票是海南航空，当时价格比较低，只要手里有一点钱，很快就会变成海南航空的股票，就这样坚持了好几年，1999 年海南航空转到 A 股上市，让我小赚了一点。当时的证券营业部很热闹，很多人天天到营业部上班，在大屏幕前紧紧盯着股票行情的变化。《上海证券报》摆在营业部门口叫卖，好像买的人也不多。让人心虚的是，很多公司平时也没有什么公告，投资者知道的信息还是很久以前的。营业部也出一些研究报告，五花八门的，大部分紧跟市场的热点展开，少有从企业经营、产品销售和财务角度进行深入分析的，研究报告散户一般也看不着。

1998 年以后，我转到了系统内的一家上市公司的投资发展部工作，开始从事投资项目的分析论证工作。在一个接一个项目的调研以及阅读各种各样的商业计划书的过程中，我开始认识到：项目、资产或证券的价值来源于该项目、资产或证券在未来的时间里带来的所有现金流的现值。项目投资尤其是新建的制造类项目，从项目的选址、设计和规划、市场分析、技术评估、财务计划、风险评估、可行性分析等，需要按照预测的未来建设的情况进行研究，其中的任何一个环节不到位都有可能造成项目的失败。要做成一个好项目，需要很多人的共同努力，还需要很好的运气。之后，我又有机会深入公司所投资的子公司中从事经营管理工作，深感经营管理中激励机制的重要性。经理层与股东的利益要想一致起来，经理人努力工作、坚守职业道德是一方面，股东的开明开放和乐于分享则是另一方面，没有这两者，人尽其才、物尽其用就是一句空话，更不用说实现长远的、宏伟的目标了。投资项目的价值来源于其产品和服务可以给消费者带来价值，并且从财务角度，收益要超过成本，这个项目才有未来。

2003 年之后，我在湖南大学攻读管理科学与工程专业的博士研究生，研究方向是投融资决策与风险管理，开始从理论上学习和研究投资的收益与投资的风险。我深刻认识到，理论大多来自发达国家，中国股票市场的现实与投资理论及其描绘的理想状态有着比较大的差距和差异，这不仅仅是因为我国的股票市场建立时间不长，与成熟市场在发展程度上有差距，同时还因为具有中国特色的基本的经济制度、法律制度、文化制度、监管制度等，与其他国家在股票市场发展方式上有显著的差别。博士毕业后，我到高校从事管理学和投资学的教学和科研工作。其中，还有一段时间作为"双肩挑"干部在学校的财务处从事管理工作。学校的财务资源要高效率地用于学校的建设，要做好人才培养、科学研究、服务社会和文化传承的工作，其中最为关键的还是人，是人的积极性、主动性和创造性的充分发挥，因此激励是最重要的。这里不单是物质激励，也包括精神激励，要满足人们不同层次的需要。同时，还要关注人的精气神、大局观，以及奉献和奋斗的精神。学校的教书育人与公司的经营管理，从管理的角度来看，其实没有本质的差别。因此，在研究拟投资的上市公司时，我很自然地就会特别关注该公司的管理状况和治理水平，并且会持续关注它的产品和销售，深入分析其目标达成和财务表现。

在常年的投资实践和理论研究过程中，我深深地感到普通投资者投资专业知识的缺乏和混乱，市场上充斥着种种似是而非的投资观念。2018 年，我出版了《回归本原：风险视角下的投资研究》一书，从风险角度研究投资。投资者想要投资获利，先要考虑投资的风险，要考虑在投资中怎样去权衡风险和收益。我认为，从风险视角可以更加客观、理性、全面地认识投资，更好地认识自己，避免落入投资的种种陷阱。但是投资毕竟是面向未来的，以获利为目的的，我希望通过本书来研究什么是价值投资，价值投资何以成立，其中，最想传递的还是一种我认为是正确的投资理念：只有公司真正创造了价值，投资股票才真正可以获得稳定的回报。因此，成功的投资需要准确预测公司未来创造的价值，这也是投资者进行证券分析研究最需要关注的。

在阅读价值投资大家的传记或经典著作时，你将会发现：在投资者个人层面，价值投资者可能与节俭、勤奋、努力工作等品质相关联；在企业层面，企业的管理者需要忠诚履行受托人责任，在经营管理决策上能够立足于增加公司的长远价值；在产业和国家层面，价值投资还与投融资良性循环、经济的高质量发展等词汇相联系。其实价值投资并不神秘，如果一定要下一个定义，可能会有各种各样的答案，但是与上述这些词汇联系在一起的价值投资，大家还是会大概明白它到底指的是什么。但问题不在于知，而在于行，投资成功的关键在于知行合一。价值投资不是灵光一现，也不会一蹴而就，需要付出巨大的努力和耐得住寂寞的坚持。真所谓纸上得来终觉浅，绝知此事要躬行。在实践中，你既可以体会到知识和信息的力量，也可以体会到自身的急躁、多变、软弱、犹豫不决、贪婪和恐惧等。

从自身的经历中，我也清楚地知道，世易时移，一切都在变化之中，尤其是一代又一代人的价值观、消费偏好等。我的父母那辈人，年轻时吃了很多苦，十分勤劳、节俭，即使现在生活好了，很多克己的习惯也已根深蒂固、难以改变。在与我的爱人吴文华的交流中，哪怕是片言只语我也会领会到她想要表达的担心、欣喜、欣赏或提醒，好像是一切尽在不言中，很有默契，三观相合。我们在 20 世纪 60 年代出生，小时候生活条件已逐渐好转，我们学习、工作的时间一直伴随着国家的改革开放以及经济的高速和持续发展，我们这一代人对未来很有信心，也很努力。我们的儿子出生在 20 世纪 90 年代，家里的经济条件已经得到极大改善，不愁吃不愁穿，还有机会到国外去交流和学习，他这一辈人的视野非常开阔，但在学习和工作中也面临着非常激烈的竞争，当然，也有更多的机会。与我的儿子曹子川和儿媳肖欢育的交流，经常会让我觉得眼前一亮：年轻人原来是这样思考问题的！我们喜欢的他们未必欣赏,他们自有一套消费观念,注重追求个人的感受,也能接受提前消费;对于投资,他们更看重企业价值和社会价值的融合,希望企业承担更多的社会责任;他们在工作上也很拼,他们的做事方式确实大有可取之处,值得我们学习。我想,年轻一代的价值观与我们的价值观不尽相同,他们眼中的价值投资很有可能也与我们眼中的不尽相同。管它呢!人们的价值观需要与时偕行,价值投资也需要与时俱进,这世界的运行逻辑不就是这样的吗?

曹明

2024 年 5 月 15 日